SUSANNE HÜHN

DAS INNERE KIND

Unerwünschtsein verwandeln in Geliebtsein

Schirner Verlag

ISBN 978-3-8434-5134-5

Susanne Hühn:
Das Innere Kind – Unerwünschtsein verwandeln in Geliebtsein

Umschlag: Murat Karaçay, Schirner, unter Verwendung von # 181764758 (Undrey), # 91533791 (vector illustration), www.shutterstock.com
Logo »Hände«: Murat Karaçay, Schirner
Lektorat & Layout: Claudia Simon, Schirner, unter Verwendung der Bilder vom Umschlag
Printed by: Ren Medien GmbH, Germany

www.schirner.com

1. Auflage April 2016

Inhalt

Einführung

Lieber Leser, fühlst du dich von deinen Eltern unerwünscht? Kannst du dich selbst nicht so akzeptieren, wie du bist? Magst du dein eigenes Inneres Kind nicht, willst du nichts mit deinen verletzlichen, empfindsamen Anteilen zu tun haben?

Dann hat deine innere, unbewusste Schmerzvermeidung ganze Arbeit geleistet und dir dein Überleben durch Abspaltung deiner schmerzlichen Emotionen gesichert. Und das ist gut so. Hier kommt die gute Nachricht: Du bist erwachsen. Du bist nicht mehr davon abhängig, dass dich jemand versorgt, denn das kannst du selbst tun. Dein Inneres Kind weiß das nicht, und es hat sich auch noch nicht bis in dein Stammhirn hinein herumgesprochen, weil du diese Erfahrung der gesunden Selbstbestimmung noch nicht bewusst erlebt hast. Doch du darfst neue Entscheidungen treffen und dein inneres System neu starten. Du darfst selbstbestimmt, selbstverantwortlich und freudig leben, und du hast das Recht, dich selbst, besonders dein Inneres Kind, zu lieben. Wie, das zeige ich dir in diesem Büchlein.

Was weiß ich selbst über das Unerwünschtsein?

Nun, ich entschied mich, bei der allerersten Gelegenheit, die meine Eltern mir gaben, zur Erde zu kommen. Es könnte sein, dass es, wenn ich nicht gekommen wäre, die einzige Gelegenheit geblieben wäre. Ich weiß nicht, ob sie im Eifer des Gefechtes an Verhütung gedacht haben, aber das war 1965, ich war mit Sicherheit nicht geplant und auch nicht erwünscht. Das wusste ich, sie sagten es mir. Wegen mir heirateten meine Eltern, und sie ließen sich nach fünf Jahren wieder scheiden. Die erste Reaktion meines Vaters auf mich war: »Och, ein Mädchen.« Also versuchte ich unbewusst, ein Junge zu sein.

Aber: Meine Mutter gebar mich, sie freute sich auf mich, nachdem sie den ersten, zweiten und dritten Schrecken überwunden hatte, und auch mein Vater war später sehr glücklich über mich. Bevor sie sich trennten, bekamen meine Eltern ein Jahr später noch meine geliebte Schwester, die ohne mein Zutun sicherlich gar nicht auf der Welt wäre, zumindest nicht mit diesen Eltern – denn ob sie geheiratet hätten, wenn ich nicht gekommen wäre, ist fraglich. Als sich meine Eltern trennten, fühlte ich mich meiner Schwester gegenüber sehr schuldig, konnte ich sie doch nicht vor dieser Erfahrung beschützen. Das war mir natürlich damals nicht bewusst, aber dieses Schuldgefühl zieht sich bis heute durch mein Leben. Es ist ein typisches Zeichen für Co-Abhängigkeit, dass man den Schmerz des anderen auf sich nimmt und den eigenen nicht wirklich spürt, das passiert mir immer wieder.

Ich kann es mir also aussuchen, ob ich mich erwünscht fühle oder nicht. Als ich 1990 mit meiner eigenen Therapie begann, war das Thema »Unerwünscht sein« in mir allerdings sehr schmerzhaft und sehr präsent. Ich kann sehr leicht all die Gefühle abrufen, die es mit sich bringt, nicht gewollt und nicht geplant zu sein, besonders die Schuldgefühle, die es bereitet, zu wissen, dass die Eltern ohne dein Kommen erst gar nicht zusammengeblieben wären. Der unermessliche Schmerz, den meine Mutter erlitt, als sie uns durch die Scheidung verlor, ging damals gefühlt auf meine Kappe, und ich trug ihn unbewusst.

Als ich mich mit dem Thema »Unerwünscht sein« auseinandersetzte, wurde ich ungewollt und vollkommen ungeplant schwanger. Ich konnte ganz genau spüren, wie es ist, Mutter werden zu müssen, obwohl man es absolut nicht wollte, sich nicht bereit fühlte und den Vater nicht mehr liebte. Es war, als sei mein Leben vorbei. Ich sollte ab sofort für ein anderes Wesen da sein, obwohl ich gerade durch die Therapie begonnen hatte, mich selbst und das, was ich brauche, zum ersten Mal zu spüren. Die Scheidung und der Verlust meiner Mutter steckten mir zutiefst in den Knochen, und jetzt sollte ich alleinerziehende Mutter werden. Ich reichte das Unerwünschtsein, das ich selbst gerade so schmerzlich spürte, also weiter, was ich auf keinen Fall wollte. Ich wollte keine unglückliche, überforderte Mutter eines unerwünschten Kindes sein. Ich sprach mit der Seele, sagte ihr, dass sie bitte gehen solle. Sie dürfe sehr, sehr gern wiederkommen, aber erst, wenn sie erwünscht sei. Ich bekam Atemnot, wenn ich an das Kind und das, was es für mein Leben bedeutete, dachte und konnte so meine Mutter mehr als verstehen.

Das war der Einstieg in meine spirituelle Entwicklung, musste ich mich doch mit der Seele des Kindes auseinandersetzen. Ich suchte mir eine hervorragende spirituelle Lehrerin und Therapeutin, die mich lange Jahre begleitete und von der ich sehr viel lernte. Ob ich sie ohne die ungewollte Schwangerschaft aufgesucht hätte? Ich weiß es nicht. Vermutlich ja, aber sehr viel später.

Ich weiß also einiges über das Unerwünschtsein – als Kind und auch als Mutter. Ich hoffe, du fühlst dich von mir gesehen und abgeholt.

Als Baby erwartest du unbewusst und vollkommen berechtigt, dass du versorgt und geliebt wirst, Sicherheit erfährst, wenn du geboren wirst. Sicherheit zu erfahren ist für ein Neugeborenes überlebensnotwendig, lebenswichtiger noch, als geliebt zu werden. Denn auch wenn ein Kind sehr geliebt wird, kann es sein, dass die versorgenden Personen nicht in der Lage sind, ihm Sicherheit zu geben, z. B. aus finanziellen Gründen, aufgrund einer Krankheit oder der Lebensumstände. Die Liebe selbst hingegen, auch wenn sie keine Sicherheit vermitteln kann, bestimmt das Grundgefühl, das ein Baby sich selbst gegenüber entwickelt.

Was bedeutet es, geliebt zu werden?

Beglückst du deine Eltern mit deiner Anwesenheit, dann verankert sich das Gefühl, wertvoll zu sein, tief in den Zellen und im Stammhirn und bildet die Grundlage für deine emotionale Entwicklung.

Selbstverständlich ist dieses natürliche Selbstwertgefühl störanfällig und kann durch schmerzliche Erfahrungen nachhaltig traumatisiert werden. Und doch bildet es eine Basis, auf der du, egal, wie sehr du verletzt wurdest, aufbauen kannst. Als Selbstwertgefühl bezeichne ich in diesem Fall das innere Wissen, dass deine pure Existenz, dein reines Sein, dich und andere beglücken und erfreuen kann. Du fühlst dich ermächtigt, zu beglücken, und es ist für dich selbstverständlich, dich und deine Gaben in die Welt zu tragen und wirksam werden zu lassen.

Was bedeutet Sicherheit für ein Kind?

Du wirst in deinen Bedürfnissen wahrgenommen, und mindestens eine Person ist befähigt, diese Bedürfnisse schnellstmöglich zu erfüllen. Du brauchst Ruhe, Wärme oder Kühlung, du hast Hunger und Durst, du brauchst Sauberkeit, körperliche und emotionale Sicherheit. Du brauchst Anregungen und Bewegung, die Möglichkeit, dich zu entfalten und heranzureifen. Du brauchst jemanden, der dir erlaubt, ihn mit deinen Bedürfnissen in Beschlag zu nehmen, und der gern und zuverlässig für dich da ist. Du brauchst einen Menschen, der in der Lage ist, dir einen unermesslich großen Dienst zu erweisen: Jemand stellt seinen Körper zur Verfügung, damit du darin wachsen und gedeihen kannst, er geht im besten Fall eine symbiotische Beziehung mit dir ein. Warum nicht nur eine versorgende, sondern sogar eine symbiotische Beziehung? Weil auch die Mutter eine Abhängigkeit entwickelt und entwickeln darf. Diese mütterliche Abhängigkeit von ihrem Kind sorgt dafür, dass sie das Leben des Kindes über ihr eigenes stellt und alles zu tun bereit ist, um das Leben des Kindes zu schützen. Ist eine Mutter, die eine symbiotische Beziehung mit ihrem Kind eingeht, in der Lage, ihr Kind zu schützen, zu nähren, zu befrieden, dann erfährt sie selbst tiefste Erfüllung, mehr noch, Ermächtigung. Diese Ermächtigung strahlt zum Kind zurück, und es fühlt sich nicht nur sicher, sondern auch wertvoll und machtvoll wie die Mutter. Es spürt, dass es in der Lage ist, zu beglücken. Dadurch entwickelt sich ein ganz natürliches Selbstwertgefühl. Das Kind erlebt sich als wertvolles Geschenk, es erlebt, dass es Freude bereitet, seine Bedürfnisse zu erfüllen. Und da ein Neugeborenes noch nicht zwischen sich und seiner Umwelt differenzieren kann, also nicht wahrnimmt, dass es ein Gegenüber hat, das sich von ihm unterscheidet, erlebt es im besten Fall: Die ganze Welt ist ein sicherer, freudvoller, behüteter Ort. Das, was die Mutter dem Kind gibt, kann es sich später mit Leichtigkeit auch selbst geben, weil es keinen Unterschied zwischen sich und der Mutter erkennt, innen ist wie außen.

Das, was ihm die Mutter gibt, sei es positiv oder negativ, wird sich das Kind allerdings später in jedem Fall selbst geben, auch wenn es ihm schadet oder zumindest seinem Wohlbefinden nicht zuträglich ist. Denn am Anfang des Lebens identifiziert das Baby die Mutter mit dem gesamten Leben, mit sich selbst, mit allem, was ist.

Warum ist die Mutter so wesentlich? Weil das Kind in ihrem Leib heranwächst. Schenkt der Körper der Mutter dem Kind kein Ja, dann stirbt es. Schenkt der mütterliche Körper dem Kind ein Ja, wächst es also heran, die Mutter selbst aber möchte nicht Mutter werden, dann erleben Mutter und Kind trotz der symbiotischen Beziehung tiefe Einsamkeit. Trotz der Symbiose prägt diese tiefe Einsamkeit die Beziehung zwischen Mutter und Kind nachhaltig. Es ist, als gäbe es einen tiefen Graben an der Stelle, an der wortloses Verstehen zwischen Mutter und Kind stattfinden sollte. Wie schmerzhaft das für beide (!) ist, kannst du dir sicher vorstellen. Ist das Kind aber von der Mutter erwünscht, ist sie glücklich, selbst wenn sie ab und zu Angst und Zweifel hat, dann fühlt es sich beim Heranwachsen geborgen und sicher, verbunden und eins mit der Mutter. Diese Verbundenheit bildet eine gute Basis, die fehlt, wenn die ablehnende Person die Mutter selbst ist.

Gerade heute las ich in einem Buch »Auch Einsamkeit ist nur ein Gedanke« oder so ähnlich. Um Himmels willen. Kindliche Einsamkeit ist zutiefst erlebte Todesangst, vollkommenes energetisches und emotionales Abgeschnittensein vom Rest der Welt und auch von sich selbst, denn für ein Baby gibt es keinen Unterschied zwischen innen und außen. Es kann nicht mit sich selbst verbunden bleiben, während es im Außen nur Ablehnung erlebt. Fehlt eine verstehende, liebende, symbiotische Beziehung, auf die sich das Kind verlassen kann, dann wird es sich niemals ganz und gar öffnen, wenn es Beziehungen eingeht, nicht einmal sich selbst gegenüber. Ein Teil bleibt weder anderen noch ihm selbst zugänglich.

Kann diese symbiotische Rolle nach der Geburt auch von einer anderen oder mehreren Personen erfüllt werden? Ja, natürlich. Das Wichtigste ist, dass jemand da ist, der Sicherheit und Verstehen vermittelt und das gern tut.

Ungefähr ab dem sechsten Lebensmonat lockert sich diese Symbiose, das Kind beginnt, ein Gefühl für sich selbst zu entwickeln.

Diese positive Symbiose ist für die Entwicklung des Kindes wesentlich. Fehlt sie, kann das Kind kein Urvertrauen entwickeln. Warum nicht? Weil du nur Vertrauen entwickeln kannst, wenn du positive Erfahrungen machst. Fehlen diese, oder erlebst du sie nur sporadisch, dann bleibt das Vertrauen bruchstückhaft und gründet sich mehr auf Hoffnung als auf echtem Erleben. Du wirst alles tun, was in deiner Macht steht, um doch noch die Liebe und die sicheren Umstände zu erringen, die dir verwehrt blieben. Das unerwünschte Kind in dir kämpft, bleibt es ungesehen, ein Leben lang um die Liebe und das Ja der Eltern.

Bist du unerwünscht, dann bleibt dir die Erfahrung versagt, durch dein bloßes Sein Freude zu bereiten. Du erlebst passiv-aggressive Verweigerung bis hin zu offener Gewalt, einfach weil du existierst. Die Erfahrung, die du machst, ist nicht nur »Die Welt ist ein beängstigender, unsicherer Ort«, sondern sie geht viel tiefer: Dein bloßes Dasein verursacht Schmerzen, Aggression, Angst, Gewalt. Das Leben selbst scheint Schmerz und Pein zu verursachen, so erlebt es der Säugling. Er kann nicht zwischen der ablehnenden Reaktion der Mutter und sich selbst unterscheiden. Alles ist eins für ihn, und so ist jede Ablehnung, jedes Nein zu seiner Existenz, ein Nein, das auch in ihm entsteht, genährt wird und sich völlig unbewusst und zutiefst in ihm verankert. Das Nein der Mutter zu dir wird automatisch zu einem Nein zu dir selbst, weil du als Baby den Unterschied nicht wahrnehmen kannst. Jedes Baby ist dennoch in Symbiose mit der Mutter, auch wenn es unerwünscht ist. Für das Kind geht es nicht anders, wenn es überleben will.

Diese negative Symbiose verursacht Schmerz, Unsicherheit, Angst, Scham und unermessliche Einsamkeit. Das Schlimmste ist: Das Kind hat keine Chance, diesen Zustand zu ändern. Es kann nichts »richtig machen«, weil es in seiner Ganzheit unerwünscht ist.

Das Baby erlebt sich selbst also nicht als Quelle der Freude, sondern als Quelle der Ablehnung. Diese Erfahrung ist so vernichtend und kommt so unerwartet, dass im Kind der Eindruck entsteht: »Ich bin falsch.« Das ist wichtig. Es erfährt nicht: »Ich habe etwas falsch gemacht« (was durch eine entsprechende Handlung auch wiedergutgemacht werden kann), sondern es spürt: »Meine ganze Existenz ist ein Fehler.« In der Konsequenz muss es sich selbst auslöschen. Wie löscht man sich aus? Indem man sich kleinmacht, immer zweite oder dritte Geige spielt, seine Bedürfnisse herunterspielt und unterdrückt, es anderen recht macht, versucht, nützlich zu sein, statt den eigenen Raum zu beanspruchen und einzunehmen.

Wenn ein Kind nichts oder zu wenig von dem bekommt, was es braucht, wenn sein eigener Platz im System also nicht existiert oder es gefährlich ist, ihn einzunehmen, dann wählt das Kind unbewusst einen Platz im System, an dem es sicher ist und den Schmerz nicht spüren muss.

Entweder ist das ein Platz, der leer steht, oder es erschafft sich den Platz und macht sich auf seine Weise unentbehrlich. Das Kind übernimmt Verantwortung und Fürsorge, es spielt den Clown und bringt alle zum Lachen, es macht sich unsichtbar und ist nicht mehr greifbar, zieht sich in sich selbst zurück oder versucht, die Familie zusammenzuhalten. Dieser sichere Platz im System sorgt dafür, dass sich das Kind nicht ständig bedroht und unterversorgt fühlt. Es verschmilzt mit der Rolle, die es einnimmt, und kann schließlich nicht mehr zwischen sich selbst, dem eigenen Bedürfnis nach Sicherheit und der Funktion, die es in der Familie hat, unterscheiden. Das geht so weit, dass das Kind nicht mehr weiß, wer es eigentlich ist, wenn es keine festgelegte Rolle in der Familie erfüllt. Es existiert nur in seiner Funktion als Unterhalter, als Retter, als Clown, nicht als eigenständiger Mensch mit eigenen Bedürfnissen, Plänen und Wünschen. Meistens funktionieren diese Kinder ausgesprochen gut, sind aber nicht in der Lage, eigene Ansprüche zu stellen. Das kann so weit gehen, dass das gesamte Leben und sogar die vermeintliche Bestimmung darauf ausgerichtet bleiben, die Funktion in der Familie zu erfüllen, damit der Platz im System gesichert ist.

Das nennt man Co-Abhängigkeit: Du spürst dich nur über die Beziehung zu anderen, nicht über die Beziehung zu dir selbst. Du spürst dich selbst dann über die Beziehung zum anderen, wenn diese schmerzhaft und sehr belastend ist. Deine eigenen Wünsche und Bedürfnisse ordnest du der Beziehung zum anderen nicht nur unter, du bekommst sie gar nicht mit, leugnest gar, überhaupt Bedürfnisse zu haben. Die allzu Tapferen, die, zu denen man sagt: »Ich weiß nicht, wie du das schaffst«, sind oft diejenigen, die »es« schaffen müssen, weil sie sich sonst nicht spüren. Als Co-Abhängiger führst du lieber eine Beziehung, in der du dich aufopferst und »wichtig« bist, als gar keine. Denn die Beziehung zu dir selbst ist nie hergestellt worden, war immer schuldbehaftet und im schlimmsten Falle gefährlich.

Über Co-Abhängigkeit

Ursprünglich würde der Begriff »co-abhängig« für Angehörige von Alkoholikern geprägt, und er bedeutete »mitabhängig«. Co-abhängig zu sein bedeutet, sich selbst zu verleugnen, die eigenen Wünsche und Bedürfnisse, die eigenen Lebensziele hintanzustellen, um für den Süchtigen da zu sein. Es enthält all die Lügen, mit denen die Sucht des Partners nach außen hin immer wieder vertuscht wird – ein Co-Abhängiger steht voll und ganz im Dienst der Bedürfnisse seines Partners, der Eltern, der Nachbarschaft, der Gesellschaft – irgendeiner äußeren Kraft, dessen Wohlergehen und Anerkennung scheinbar wichtiger ist als der eigene Weg. Es enthält aber auch all die Lügen, die der Co-Abhängige über seine eigenen Bedürfnisse verbreitet, das Verleugnen der eigenen Sehnsüchte und Träume und das betonte, für Außenstehende oft übermenschlich anmutende Für-andere-da-Sein.

Die Ursachen dafür sind vielfältig. Natürlich ist es in der Hauptsache das Innere Kind, das geliebt werden will, die Kontrolle behalten muss und alles tut, um nicht verlassen zu werden, selbst wenn das bedeutet, sich bis zur völligen Selbstaufgabe für den anderen aufzuopfern, zu lügen, zu betrügen, zu vertuschen und sich selbst alles schönzureden. Die Angst, verlassen zu werden, ist so immens, dass sich der Co-Abhängige lieber selbst verlässt, als diesen Schmerz noch einmal im Außen erleben zu müssen. Er hält den anderen in Abhängigkeit, indem er alles für ihn tut. Der Co-Abhängige kontrolliert den anderen durch seine Bereitschaft, ihm zu Diensten zu sein, und er webt eine Scheinwelt, die er nach außen hin bis zur völligen sozialen Isolation verteidigt. Er wendet sich von Freunden ab, die seine Lügen nicht glauben, er vergräbt sich zu Hause, er verteidigt die scheinbar funktionierende Welt, die er mit dem Partner oder der

Familie gemeinsam aufgebaut hat, bis aufs Blut. Co-Abhängige nehmen sich selbst fast nur über die Beziehung zu anderen wahr, sei diese gut oder schlecht, die Hauptsache ist, es findet überhaupt eine Art Beziehung statt.

Anne Wilson Schaef hat 1986 den Begriff der Co-Abhängigkeit geprägt, indem sie die übertriebene Rücksichtnahme und die Selbstaufgabe als eigenständige Krankheit und nicht als normale Reaktion auf Süchtige erkannt und benannt hat. Denn die Bereitschaft, die eigene Wahrnehmung auszuschalten und das verdrehte Denken und Fühlen des anderen zu übernehmen und zu verstärken, zeigt durchaus, dass man selbst auch ein Problem hat.

Nach und nach wurde dieser Begriff immer weiter gefasst und wird in den heutigen Suchtgruppen eher mit dem Wort »beziehungssüchtig« übersetzt. Robin Norwood nennt es »die Sucht, gebraucht zu werden«, und es ist tatsächlich eine Sucht, denn der Co-Abhängige kann auch dann nicht aufhören, seine Unterstützung anzubieten, wenn er erkennt, dass es ihm schadet, ihn förmlich krank macht. Viele stoffgebundene Süchte basieren auf einer Co-Abhängigkeit. Man versucht, das Leid, das diese verursacht, durch Essen, Alkohol oder Drogen jeder Art unter Kontrolle zu halten. Der Co-Abhängige ist süchtig nach der Beziehung mit dem anderen und gibt deshalb die Beziehung zu sich selbst auf oder stellt sie erst gar nicht her. Er setzt die Beziehung zum anderen an die Stelle, an der die Bindung an sich selbst verankert sein sollte. Das ist auch ganz klar, wenn du dir bewusst machst, dass du als Baby eine symbiotische Bindung mit einer versorgenden Person eingehen musst, selbst wenn diese dich gar nicht wirklich versorgen will. Um diesen ungeheuren Schmerz, diese Todesangst zu vermeiden, tut ein Co-Abhängiger alles.

Anstatt sich in sich selbst einzufühlen, seine eigenen Bedürfnisse wahrzunehmen und zu erfüllen, sorgt er für den anderen. Als Co-Abhängiger hast du wahrscheinlich niemals die Gelegenheit gehabt, in aller Ruhe und ungestört eine tragfähige Beziehung zu dir selbst herzustellen, eine Beziehung, die wie jede andere gesunde Beziehung auf Achtsamkeit, Vertrauen, Freundschaft und Liebe basiert.

Du tust alles, um andere glücklich zu machen oder zumindest ruhig zu halten. Du verbiegst dich selbst bis zur Unkenntlichkeit dabei, dem anderen das zu geben, was ihm das Leben vermeintlich vorenthält. Du versuchst, die Bedürfnisse des anderen nach Sicherheit, Freiheit, Liebe und Geborgenheit, nach Verständnis und Abgrenzung zu erfüllen, und achtest nicht darauf, was du selbst eigentlich willst.

Woran spürst du, dass du co-abhängig bist? CoDA (Co-Dependants Anonymus) Deutschland, die Selbsthilfegruppen, die mit dem Zwölf-Schritte-Programm arbeiten, sagen dazu Folgendes:

Symptome der Co-Abhängigkeit:

Einige Beispiele für Eigenschaften und Einstellungen, die uns vertraut sind*:

- ★ Ich habe Schwierigkeiten, zu erkennen, was ich fühle.
- ★ Ich halte mich für völlig selbstlos und dem Wohl anderer verpflichtet.
- ★ Ich habe Schwierigkeiten, Anerkennung, Lob und Geschenke anzunehmen.
- ★ Ich verleugne meine eigenen Werte, um nicht von anderen abgelehnt zu werden.
- ★ Ich verbleibe zu lange in für mich schädlichen Beziehungen und Situationen.
- ★ Aus Angst vor Ablehnung und Abwertung bewerte ich Ansichten und Gefühle anderer höher als meine eigenen.

---

* mehr dazu: Susanne Hühn: Ich lasse deines bei dir. Co-Abhängigkeit erkennen und lösen, Schirner Verlag 2010

- ★ Ich muss »gebraucht« werden, um dadurch meine Lebensberechtigung zu erfahren.

Bist du co-abhängig, dann trägst du eine Menge Schuldgefühle mit dir herum. Diese Schuldgefühle bringen dich dazu, immer mehr Verantwortung für andere zu übernehmen als angemessen ist. Gleichermaßen sind diese Schuldgefühle Ausdruck dafür, dass du dir viel zu viel Verantwortung aufgeladen hast. Warum Schuldgefühle? Weil etwas in dir weiß, du kannst dem, was du dir aufgeladen hast, nicht gerecht werden, du bleibst dem anderen innerhalb des co-abhängigen Systems etwas schuldig. Warum? Du kannst nur Verantwortung für das tragen, worauf du auch einen echten Einfluss hast. Und du hast auf vieles von dem, wofür du dich verantwortlich gezeichnet hast, eben keinen Einfluss. Also kannst du die Verantwortung für das Glück, die Erfüllung, das Wohlergehen des anderen nicht übernehmen, selbst wenn du wolltest und dein Bestes gibst.

Deshalb hier eine Übung, mit der du die Verantwortung, die du dir aufgebürdet hast oder die dir aufgenötigt wurde, erkennen und loslassen kannst.

Innere Reise: Unangemessene Verantwortung zurückgeben

Du machst es dir bequem, erlaubst dir, nach innen zu lauschen und deine inneren Wahrheiten zu erkennen. Denke nun bitte an eine Situation, in der du dich schlecht fühlst, dich auf unangemessene Weise für das Wohlergehen eines anderen verantwortlich machst. Wenn dir keine Situation einfällt, weil dir womöglich nicht einmal bewusst ist, dass du das tust, dann erlaube, dass jetzt eine solche Situation vor deinem inneren Auge erscheint. Glaube dir selbst, auch wenn du dich vielleicht wunderst, warum sich gerade diese Situation zeigt.

Nimm dich selbst in dieser Situation wahr, und bitte nun dein Inneres Kind, dir zu zeigen, auf welche Weise es zu viel Verantwortung für den anderen und sein Wohlergehen trägt. Warum das Innere Kind? Weil es Experte für unangemessene Verantwortung ist und ganz genau weiß und spürt, was zu dir gehört und was nicht. Es ist fast immer das Innere Kind, das die Verantwortung für das Wohlergehen des anderen zu tragen versucht. Dein Inneres Kind zeigt dir nun eine Handlung oder eine innere Haltung, ein Gefühl, das dir dein übergroßes Verantwortungsgefühl noch deutlicher macht. Es zeigt dir, auf welche Weise es Verantwortung für den anderen übernommen hat, vielleicht als inneres Bild, vielleicht als Gefühl. Stelle auch das bitte nicht infrage, glaube deinem Inneren Kind. Es vertraut dir und zeigt sich, das ist großartig. Nun gehe bitte zu deinem Inneren Kind, das so viel Verantwortung trägt, und bitte es, dir die Lasten, die es trägt, zu geben. Nimm die Lasten in deine erwachsenen Hände, als Energieball, als Schnüre oder so, wie du diese Lasten als inneres Bild wahrnimmst. Nimm wahr, wie schwer diese Lasten sind. Es kann sein, dass du dein Inneres Kind regelrecht losschneiden musst, dass es sich völlig in die Schnüre, die es mit dem anderen verbinden, verheddert hat. Nimm dir Zeit, und sorge dafür, dass dein Inneres Kind so viele Lasten zurückgibt, wie es überhaupt nur möglich ist. Das kann eine Weile dauern. Bestehe darauf, dass dir das Innere Kind die Lasten gibt. Es ist vermutlich so sehr darauf trainiert, diese Lasten zu schleppen, dass es gar nicht weiß, was es tun soll, wenn es frei ist.

Hat dir das Innere Kind die Verantwortung, die es für den anderen trägt, zurückgegeben, dann rufe bitte die Schutzengel und die guten Kräfte des Gegenübers.

Gib diesen guten Kräften die Lasten, die du all die Zeit getragen hast. Nun darf damit geschehen, was für alle Beteiligten das Beste ist. Musst du verstehen, was genau dein Inneres Kind getragen hat? Nein. Manchmal zeigt es sich, manchmal nicht.

Frage das Kind nun bitte, ob es überhaupt auf der Erde sein will. Es kann sein, dass es sagt, es möchte lieber wieder »nach

Hause«, was immer das auch bedeutet. Erlaube das. Stelle dir bitte vor, vor dir erscheint eine Lichtsäule, eine strahlende Säule aus reinem Licht. Diese Lichtsäule verbindet dich mit deiner Seele und deinem höchsten Liebespotenzial. Erlaube dem Kind, sich in diese Lichtsäule hineinzustellen. Engel kommen und holen es ab, das fühlt sich sehr befreiend an. Es wird genau dahin gebracht, wo es sich in Licht und Liebe erholen, vielleicht sogar auflösen kann. Musst du an Engel glauben, damit sie kommen und dein Inneres Kind in Sicherheit bringen? Nein. Das Kind glaubt an Engel, das genügt.

Möchte das Innere Kind nicht ins Licht zurückkehren, sondern bei dir bleiben, dann nimm es nun bitte an die Hand, und führe es an einen inneren sicheren Ort. Es braucht einen inneren Ort, an dem es einfach Kind sein darf und nicht mehr Gefahr läuft, Verantwortung für andere zu übernehmen. Dieser sichere Ort kann ein wunderschöner Garten sein oder ein zauberhaftes Spielzimmer. Auf jeden Fall ist dieser sichere Ort in deinem Herzen, in dir, nicht außerhalb von dir.

Führe diese innere Reise bitte so oft durch wie nötig. Meistens trägt das Innere Kind sehr vieles, und es braucht einfach Zeit, um all das zu erkennen und zu lösen. Denn es hatte ja seinen Sinn. Komme dann in deiner Zeit in den Raum zurück, in dem du dich befindest.

Du hast Schuldgefühle, weil du Verantwortung übernommen hast, die du nicht tragen kannst. Aber was genau hast du versprochen? Es ist sehr hilfreich, die sogenannten Emotionalverträge zu kennen. Oft genug sind diese Absprachen, diese Versprechen durchaus ernst gemeint und haben auf seelischer Ebene Gültigkeit, wenn wir einmal davon ausgehen, dass wir auf höheren Ebenen überhaupt Vereinbarungen treffen. Du übernimmst also nicht nur Verantwortung, weil du als Baby auf Leben und Tod von einem anderen abhängig bist, sondern es kann durchaus sein, dass du tatsächlich auf die Erde gekommen bist, um jemanden zu retten, ihm die Liebe zu zeigen oder ihn aus seiner Einsamkeit zu erlösen. Oft genug kommen unerwünschte Kinder mit solch großen Versprechen auf die Welt. Sie setzen sich dem Unerwünschtsein aus, um besonders viel Liebe zur Erde zu bringen. Was die Seele nicht weiß: Das funktioniert nicht. Unerwünscht zu sein tut so weh, dass du nicht mehr unterscheiden kannst, wofür du wirklich verantwortlich bist und wofür nicht. Schon gar nicht kannst du erkennen, auf welche Weise du deiner Verantwortung nachkommen kannst und wie nicht. Denn auf seelischer Ebene sind diese Verabredungen niemals emotional gemeint, sondern immer energetisch. Das geht gar nicht anders, denn auf seelischer Ebene gibt es keine Emotionen. Liebe meint hier etwas ganz anderes als das

Gefühl, das wir auf der Erde mit »Liebe« bezeichnen. Es ist eine innere Haltung, ein bedingungsloses »So sein lassen«, das nicht emotional ist. Das bedeutet auch, dass dieses bedingungslose Lieben nicht in emotionaler Hinsicht gemeint ist!

Ein Beispiel: Du versprichst einer Seele, du kommst zu ihr und erlöst sie auf Erden aus ihrer menschlichen Einsamkeit. Das ist nicht so weit hergeholt, wie es klingen mag, wenn man sich ein bisschen mit seelischen Verabredungen befasst. Es ist auch nicht co-abhängig.

Diese Seele, die du aus ihrer menschlichen Isolation holen willst, wird dein Vater. Das erscheint dir sinnvoll, denn so kannst du diesem Menschen für eine lange Zeit sehr nah sein. Du bist auf höheren Ebenen sehr mit ihm verbunden, da gibt es keine Einsamkeit, aber hier auf der Erde schon. Kaum gibt es eine Gelegenheit, diesen Menschen zum Vater zu bekommen, nutzt du sie, damit du schnell bei ihm sein und viel Zeit mit ihm verbringen kannst. Seine Einsamkeit, seine Abgeschnittenheit von sich selbst, die du erlösen willst, sorgt dafür, dass er dich verletzt, zurückweist, ja, dir immer wieder deutlich zeigt, dass er dich gar nicht wollte, weil er Angst hat, sich so sehr verantwortlich für jemanden zu fühlen. Was ziemlich logisch ist, wenn man bedenkt, dass er von sich selbst abgeschnitten ist und du genau deshalb zu ihm wolltest.

Du hast nun diesen inneren Auftrag, diese seelische Verabredung: »Ich erlöse dich aus deiner Einsamkeit.« Und plötzlich bist du selbst zutiefst einsam, weil du ihn nicht erreichen kannst, egal, wie sehr du dich auch bemühst. Du hast die Verantwortung für seine Erlösung übernommen, und jetzt bist du machtlos. Das erschafft tiefe Schuldgefühle, weil du spürst, du bleibst ihm die Einhaltung des Versprechens schuldig.

Klingt das absurd? So wirken diese Ebenen. Hier auf der Erde sieht es auf einmal ganz anders aus. Du hast nicht diese Kraft, dieses Leuchten, das dir auf Seelenebene zu eigen ist. Du bist selbst verletzt, brauchst selbst so viel Liebe. Je mehr du deinen Vater bedrängst, desto mehr zieht er sich in sich selbst zurück. Du erhöhst deine Anstrengungen, versuchst alles, um ihn zu einem glücklichen Menschen zu machen, Nähe mit ihm zu erleben, doch du erreichst ihn einfach nicht. Du bist selbst so bedürftig. Du kannst dein Versprechen, ihn aus der Einsamkeit zu erlösen, nicht halten, so sehr du dich auch bemühst. Du scheiterst, fühlst dich schuldig, machst es ihm noch mehr recht und gibst irgendwann entmutigt und traurig auf. »Ich kann ihn nicht retten, das habe ich jetzt verstanden«, sagst du in Seminaren, und ich sage dir: »Doch.«

In genau dem Moment, in dem du deine eigene Einsamkeit, die zum Teil sogar durch ihn verursacht wurde, ganz ausdrücklich und bewusst spürst, verändern sich die Dinge. Wenn du still wirst, deinen Vater loslässt, aufhörst, ihm etwas zu geben, was er nicht annehmen kann, und deine eigene, tiefe Einsamkeit erlebst, wird etwas frei. Wenn du jetzt hergehst, dich innerlich vor ihm verneigst und ihm sagst: »Vater, ich bin wie du, ich verneige mich vor deiner Einsamkeit, und ich sehe deinen und auch meinen Schmerz«, erlöst du ihn und euer Forschungsprojekt »Einsamkeit«. In diesem Moment bist du bei ihm. Du bist ihm nahe, und du sitzt, bildlich gesprochen, mit ihm am Fluss und teilst seine Einsamkeit. Und damit erlöst du ihn. Er ist in seiner Einsamkeit nicht mehr allein. Und DAS hast du versprochen. Das geht aber nur, wenn du deine eigene Einsamkeit spürst, nicht seine. Deshalb ist es so wichtig, die Lasten, die du trägst, zurückzugeben. Warum? Weil du die Einsamkeit noch nicht wirklich teilst, wenn du seine trägst. Du spürst eben nicht deine eigene innere Einsamkeit, sondern seine, und das ist nicht teilen, sondern mittragen. Verstehst du den Unterschied?

Es ist also sinnvoll, die Verabredungen, die du getroffen hast, zu kennen und sie entweder zu lösen oder neue Wege zu finden, sie einzuhalten. Ich halte sehr viel davon, Seelenverträge nicht zu lösen, sondern einzuhalten. Oft genug verwechseln wir nur die Ebenen, deshalb fühlt es sich so schwer und co-abhängig an.

Dazu gibt es eine ganz einfache Übung. Die Übung selbst ist einfach, schwierig ist es, dir selbst zu glauben. Tue das aber bitte. Glaube dir, was du gleich schreibst, egal, wie absurd es klingt. Halte es zumindest für möglich.

Schreibübung: Seelische Verabredungen erkennen

Atme ein paar Mal tief in dein Herz, und verbinde dich mit der tiefsten Liebe, derer du fähig bist. Dein Inneres Kind kann das. Vollende nun folgende Sätze, und nimm dir dafür Zeit.

Mutter, wenn ich die Macht hätte, würde ich dich ... (retten, erlösen, glücklich machen, lieben ...)

Vater, wenn ich könnte, würde ich dich ... (wäre ich eins mit dir, würde ich dich verstehen, würde ich dir geben, was dir deine Mutter nicht geben konnte ...)

Lasse diese Sätze einfach so stehen. Glaube dir. Und dann stelle dir deinen Vater, deine Mutter vor. Verneige dich von ihnen, und sage ihnen jeweils: »Ich sehe deinen Schmerz, und du hast mein volles Mitgefühl.« Überprüfe bitte, ob du diese Verabredungen noch einhalten willst oder nicht. Willst du sie nicht mehr einhalten, dann schreibe sie sorgfältig auf ein Blatt Papier, zerreiße und verbrenne es. Willst du sie einhalten, dann schreibe sie auch auf, und bitte all deine höheren Kräfte, dir Wege zu zeigen, die dich befähigen, diese Verabredungen zu erfüllen – auf gesunde, stimmige Weise. Sich aufzuopfern und um Liebe zu kämpfen ist niemals gesund und stimmig, und das hast du auf seelischer Ebene auch nicht beabsichtigt. Diese Verabredungen betreffen niemals deine Gefühle, sondern immer deine innere Haltung denjenigen gegenüber, mit denen du verabredet bist.

Wie erkennst du, ob du lediglich einen sicheren Platz verteidigst oder ob du tatsächlich selbstbestimmt dein Leben lebst? Das ist ganz einfach. Erlaubst du dir, deine Entscheidungen, auch und gerade die wichtigsten, die, die dein Leben maßgeblich bestimmen, ernsthaft infrage zu stellen? Fühlst du in dir die Freiheit, auch etwas ganz anderes machen, alles loslassen zu können, was du aufgebaut hast, und neue Entscheidungen zu treffen? (Natürlich im Rahmen dessen, dass du deine Miete zahlen musst, deine Kinder versorgt werden wollen etc. Aber gibt es dennoch eine innere Freiheit, dich neu entscheiden zu können, auch wenn du nicht weißt, wie?) Oder fühlst du dich in der Pflicht gegenüber der Familie oder auch Gott gefangen? Wenn dich die Entscheidungen, die du getroffen hast, besonders hinsichtlich der Verwirklichung deiner »Bestimmung«, lähmen und unfrei machen, dann gehe davon aus, dass du an einem vermeintlich sicheren Platz festhältst. Deine wahre Bestimmung zu leben gibt dir größtmögliche Freiheit, und die brauchst du auch, damit du deine Bestimmung leben kannst.

Natürlich gibt es unzählige Störfaktoren in dieser symbiotischen Beziehung, genauso wie es sehr viele verschiedene Ebenen des Unerwünschtseins gibt. Du bist zwar erwünscht, aber nicht als Junge, sondern du hättest ein Mädchen werden sollen – oder umgekehrt. Und so weiter.

Wir reden viel von der Mutter. Was ist, wenn der Vater oder die Großeltern dich nicht wollen? Das tut weh. Aber es ist nicht lebensbedrohlich – außer du wirst von genau diesen ablehnenden Personen versorgt. Derjenige, der deine Bedürfnisse stillt, vermittelt dir das Gefühl, geliebt und angenommen oder es nicht zu sein. Eine abwesende, nicht liebende Großmutter ist natürlich unangenehm und verletzend, verursacht in der Familie große Schmerzen, doch dich als Baby verletzt sie nicht im Urvertrauen, wenn die Eltern dich halten und die

Ablehnung dort lassen, wohin sie gehört, nämlich zur Großmutter.

Ein ablehnender Vater verursacht da schon mehr Probleme, denn dann brauchst du eine sehr stabile Mutter, die sich selbst und dich vor dieser Ablehnung schützt. Was das für eine Ehe bedeutet, kannst du dir leicht vorstellen. Die Mutter jongliert ständig mit all den Gefühlen und ist hin- und hergerissen, voller Schuldgefühle und Groll ihrem Mann, voller Liebe und Schuldgefühle ihrem Kind gegenüber. Warum Schuldgefühle? Weil sie das Nein des Vaters zum Vaterwerden offensichtlich ignoriert hat und damit über seine Grenzen ging. Das Kind muss diese Grenzüberschreitung nun ertragen. Ich weiß, das klingt zu einfach, das ist auch nur ein Aspekt – aber ein wichtiger, denn er ist es, der diese Schuldgefühle Vater und Kind gegenüber produziert.

Wir sind uns einig: Es gibt unzählige Möglichkeiten, unerwünscht auf die Erde zu kommen, unerwünscht von wem und in welcher Konstellation auch immer. Und doch: Wenn die Mutter zum Kind voll und ganz Ja sagt, dann kann alles andere ausgeglichen werden, vorausgesetzt, sie ist in der Lage, es zu schützen und so zu versorgen, wie sie es will.

Was aber, wenn du selbst dieser Vater, diese Mutter bist? Wenn du ein Kind nicht wolltest und es dennoch zur Welt kam? Was, wenn du gegen deinen Willen Vater wurdest und nun auf einmal versorgen musst, ob du willst oder nicht? Wir sehen auch deinen Schmerz. Denn unerwünscht Vater oder Mutter sein zu müssen, kann genauso vernichtend sein, wie unerwünscht zur Erde zu kommen, und in allen Fällen bist du Opfer und Täter zugleich. Du bist einsam in deiner Mutterschaft oder im Vaterwerden, du musst dich auf eine sehr lang andauernde Situation einstellen, die du nicht wolltest und die du, wenn du dein Kind nicht weggibst oder abtreibst, nicht ändern kannst.

Dass du Opfer bist, ist klar, zumindest als Baby. Was meine ich mit dem Täteranteil? Als Mutter oder Vater, die oder der das Kind nicht wollte, fühlst du dich vermutlich eher als Täter, unterdrückst den Opferaspekt tapfer und trotzig zugleich. Doch heilen kann nur, was gesehen wird.

Wagen wir uns gemeinsam in emotional vermintes Gebiet vor.

Oft höre ich euch in Seminaren zum Thema Inneres Kind sagen: »Ich bin unerwünscht, aber ich habe meinen

Eltern vergeben.« Und ich bekomme immer ein merkwürdiges Gefühl. Da stimmt etwas nicht. Da ist noch immer dieser Schmerz, die Augen blicken wie erloschen. Kann man vergeben, unerwünscht zu sein? Ja, vielleicht, doch das ist nicht die ganze Wahrheit. Unerwünscht auf die Erde zu kommen, also nicht gewollt zu sein, ist ein sehr vielschichtiger, komplizierter Vorgang, wenn ich das so nüchtern ausdrücken darf. Schauen wir uns dieses Schicksal auf all seinen Ebenen und in all seinen Facetten an, damit du wirklich mit dem, was ist, in Frieden kommen kannst. Ich werde dir in diesem Büchlein einiges zumuten. Wir werden deinen Schmerz sehen, aber auch andere Aspekte, und es kann sein, dass ich dich verärgere. Doch unerwünscht auf die Erde zu kommen ist ein zu komplexes Thema, als dass ein »Ich vergebe euch«, und wenn es noch so ernst gemeint ist, genügen würde. Es wird dir nicht gerecht, deinen Eltern zu vergeben, dass sie dich nicht wollten, und ihnen auch nicht. Da gibt es so viel mehr, das deine Seele erfahren wollte, indem sie sich dieses schwere Schicksal aufbürdete. Haben dir deine Eltern zum Beispiel vergeben, dass du kamst, obwohl sie gar kein Kind wollten, zumindest nicht zu diesem Zeitpunkt? Dass sie deshalb eventuell zusammengeblieben sind, viele Pläne aufgeben mussten, um dich zu versorgen, auch finanziell? Lasse uns also bitte genauer hinschauen.

Um uns diesem Thema ernsthaft widmen zu können, brauchen wir die Bereitschaft, uns viele verschiedene Bewusstseinsebenen anzuschauen. Wie immer gibt es natürlich, wenn wir uns mit dem Inneren Kind beschäftigen, die so wesentliche unbewusste emotionale Ebene, und wir werden uns ihr ausführlich zuwenden. Doch beim Thema »Unerwünscht sein« gibt es auch andere Aspekte, die wir mit einbeziehen müssen, wollen wir tatsächlich frei werden. Denn da gibt es auch die Seelenentscheidung, zur Erde zu kommen, obwohl deine Eltern nicht Eltern werden wollten.

Reden wir zunächst darüber, was »zur Erde kommen« überhaupt bedeutet.

In vielen spirituellen Ansätzen geht man davon aus, dass sich eine Seele, wenn ein Fötus ungefähr drei Monate alt ist, in einem Körper »inkarniert«, das heißt, sie beseelt den entstehenden Körper, verschmilzt mit ihm, beginnt, durch ihn hindurch zu wirken. Diese Sichtweise ergibt Sinn. Denn wenn wir davon ausgehen, dass sich eine Seele in einen Körper hineinbegibt, dann kann man sich vorstellen, wie viel dabei schiefgehen kann. Weil die Körperebene durch viele Traumen und Verhärtungen nicht zwangsläufig zur Seelenschwingung passt!

Nehmen wir zwei unterschiedlich schwingende Energiefelder an. Eines, die Seelenebene, schwingt in einer sehr hohen Frequenz, das andere, die Körperebene, in einer niedrigen. Darin steckt keine Wertung, das ist reine Physik. Ich vergleiche diese Ebenen gern mit den Tasten eines Klaviers. Die hohen Töne bilden die Seelenebene, die tiefen die körperliche Ebene. Dazwischen gibt es viele Bewusstseinszustände, alle Zustände zusammen ergeben das Gesamtkonzept Geist-Seele-Mensch. Natürlich ist das Bild ungenügend, weil begrenzt, aber für das, was ich zeigen will, reicht es. Denn jetzt wird klar: Wenn das Klavier nicht gestimmt ist, wenn also die Töne, die die Tasten erzeugen, nicht aufeinander abgestimmt sind, dann wird die Musik disharmonisch, selbst wenn der Pianist noch so virtuos spielt.

Du bemühst dich, ein erfolgreiches, glückliches Leben zu führen, tust alles, was dir möglich ist, aber irgendwie passt es nicht. Das, was dabei herauskommt, ist immer irgendwie schief. Es ist, als hättest du keine Chance, die Dinge zum Laufen zu bringen, du »bekommst kein Bein auf den Boden«, obwohl du dich abmühst.

Wie kann es aber sein, dass die Seelenebene nicht zur physischen Ebene passt? Nun, ganz einfach. Das Kind erleidet zum Beispiel schon im Bauch der Mutter einen

Schock. Es spürt die Angst der Mutter, ist unerwünscht, fühlt sich nicht genährt. Es gibt unendlich viele Gründe, warum ein Baby vorgeburtlich irritiert werden könnte. Das irdische Leben ist robust, so schnell stirbt das Kind nicht. Doch es beginnt bereits jetzt völlig unbewusst, emotionale Verpanzerungen aufzubauen.

Was macht die Seele nun, dieses nicht- und feinstoffliche, zarte und filigrane Gebilde, wenn sich der Körper so schwer anfühlt, wenn so viel Angst im Körper ist, wenn sich Muskeln zusammenziehen, wenn sich das Leben auf der Erde als vorwiegend schmerzhaft und unangenehm präsentiert? Weg kann sie nicht, sie hat bereits angefangen, sich mit dem Körper zu verbinden – sonst stirbt das Kind. Und so einfach trennen sich Körper und Seele nicht mehr, wenn der Prozess der Inkarnation erst einmal begonnen hat. Was also passiert? Die Seele stoppt ihre Inkarnation. Sie bleibt, bildlich gesprochen, zwischen Himmel und Erde hängen. Anders als bildlich kann man diesen Prozess nicht beschreiben, nicht in Worten. Fühlen kann man ihn schon.

Noch einmal also, um das ganz klar zu machen: Wenn die Lebensumstände zu schwierig sind, verbindet sich die Seele nicht so fest und innig mit dem Körper, wie es möglich und nötig wäre, um erfüllt und selbstbestimmt auf der Erde zu leben. Und das bedeutet, der Mensch ist nicht geerdet. Seine Seele ist nicht richtig im Körper angekommen. Die Seele nun ist keine »Energiekugel«, die im Körper ankommt, sondern ein multidimensionales Bewusstseinsfeld, das nach und nach den Körper beseelt, je nach Reife- und Schwingungszustand des Körpers. Fehlt aber die vollständige Beseelung**, so fühlt der Mensch Leere in sich, und er sucht sich Ersatz. Diese Ersatzenergie kann die Aufmerksamkeit anderer Menschen sein, Drogen jeder Art, emotionale Dramen – was immer ihn mit Energie erfüllt, egal, ob sich diese gut oder schlecht anfühlt, hilft, die Leere zu vergessen.

Was passiert außerdem, wenn du als Kind unerwünscht bist?

Du hast im Gehirn einen Bereich, der für dein Überleben zuständig ist, die sogenannte Amygdala, den Mandelkern. Dieser Bereich signalisiert Alarmbereitschaft, wenn du Angst hast, wenn jemand in deiner Umgebung erschrickt, wenn du dich bedroht fühlst. Immer dann, wenn die Amygdala »Gefahr« erkennt, schaltet das Ge-

** Es inkarniert sich nie die ganze Seele. Sie ist ein sehr, sehr weites Energiefeld, das in vielen Dimensionen zugleich schwingt. Der Körper könnte all diese Energie nicht halten, und das muss er auch nicht. Für sehr viele Aspekte der Seele ist »Menschwerdung« nicht sinnvoll und auch nicht möglich. »Vollständig« meint, dass all jene Aspekte wirksam werden, die für diese Inkarnation wichtig sind.

hirn in den Flucht-, Angriffs- oder Erstarrungsmodus, du agierst aus dem unbewussten Stammhirn heraus. Als unerwünschtes Kind bist du nun ständig in Gefahr. Du spürst Widerstand, der gegen dich gerichtet ist. Du weißt also nicht, ob du versorgt wirst oder nicht, du bist einfach nicht in Sicherheit. Das ist für ein Baby natürlich lebensbedrohlich, und dementsprechend verhält es sich auch. Es fühlt sich in ständiger Lebensgefahr, und es hat ja auch oft genug recht damit. Weil das Baby unbewusst alles tun muss, um dennoch versorgt zu werden, passt es sich mit seinem Verhalten der traumatisierenden Situation an. Es entfaltet sich nicht frei, sondern sorgt für sein Überleben, soweit das in seiner Macht steht. Das Baby ist fixiert auf die mit ihm ungewollt symbiotisch verbundene Person und hat nicht den Raum, seine eigenen Fähigkeiten lustvoll und freudig zu entwickeln. Natürlich entwickelt es sich dennoch, es wird sich irgendwann drehen, es wird krabbeln, laufen, sprechen lernen. Aber nicht frei, nicht freudig, nicht wild und selbstsicher, sondern immer fragend: »Darf ich das, ist das erwünscht, störe ich jemanden?« Dahinter steckt natürlich diese Frage: »Werde ich auch weiterhin versorgt, obwohl du mich nicht willst, darf ich ein wenig Freiraum entfalten, auch wenn ich eigentlich gar nicht da sein sollte?«

Statt frei und gesund heranzureifen, entwickelt das Kind ein sogenanntes falsches Selbst, ein angepasstes, funktionierendes Persönlichkeitskonstrukt, das sehr genau weiß, was von ihm gefordert wird, das aber nur sehr wenig Zugang zu sich selbst hat.

Das passiert nahezu jedem Menschen, denn jede Familie hat auch ihre dysfunktionalen Aspekte. Bist du aber unerwünscht, dann glaubst du, du verursachst diese Störung selbst durch dein bloßes Dasein.

Für dieses Dasein zahlst du einen sehr hohen Preis. Du versuchst dein Leben lang, dich als liebenswert zu erweisen, du machst es deinen Eltern recht, gibst dein eigenes Leben auf, um doch noch geliebt zu werden. Letztlich kann man sagen: Wenn ein Kind unerwünscht ist, dann wird es sich sein Leben lang bemühen, die Eltern von seiner Liebenswürdigkeit und Nützlichkeit zu überzeugen. Und es wird niemals die Hoffnung aufgeben, diesen Kampf doch noch zu gewinnen.

Aber das wird nichts. Liebe gewinnt man nicht durch Kampf. Nie. Das Einzige, was geschieht, wenn du um Liebe kämpfst, ist, dass du deine Würde verlierst. Viele verwechseln den Kampf um Liebe mit Liebe, ihre Bemühungen und Anstrengungen mit Lebendigkeit,

Adrenalin mit Lebensenergie. Sich wahrhaft zu verändern, ein besserer Partner zu werden, liebevoller zu sein, liebenswerter – das meine ich nicht mit »Kampf« um Liebe. Das ist echtes Bemühen, und das ist immer wertvoll. Ich meine die Anstrengung, es dem anderen recht zu machen, so zu sein, wie er es haben will, damit er dich doch noch irgendwie liebt. Eben zu jenem Kind zu werden, das die Eltern wollen. Aber darum ging es nie. Sie wollten nicht »dich« nicht, sondern sie wollten vermutlich keine Eltern werden, die Elternrolle nicht erfüllen müssen. Das ist etwas ganz anderes. Sie können dich sogar sehr lieben und dennoch keine Eltern sein wollen, das widerspricht sich nicht.

Bevor du diese nächste innere Reise durchführst, sorge bitte dafür, dass du ungestört bist und dass diejenigen, für die du verantwortlich bist, gut versorgt sind. Sonst glaubst du mir schon den dritten Satz »Du brauchst dich um niemanden zu kümmern« nicht, und dann wird es schwierig für dich, mir zu vertrauen und dich sicher zu fühlen.

Innere Reise: Den Kampf um Liebe loslassen

Mache es dir bequem, schließe deine Augen. Es gibt nichts mehr zu tun, du brauchst niemandem zu gefallen. Du darfst einfach sein, wie du bist, du brauchst dich um niemanden zu kümmern und es niemandem recht zu machen. Gehe in deiner Vorstellung durch ein Tor, das jetzt von deinem inneren Auge erscheint oder dass du dir einfach vorstellst. Mit dem Durchschreiten des Tores entscheidest du dich bewusst, nach innen zu schauen und deine inneren Beweggründe tiefer zu erforschen. So gehe jetzt hindurch.

Du findest dich in einer wundervollen Landschaft wieder, und du gehst spazieren, entspannst dich, kommst in dir selbst an. Während du spazieren gehst, wird dir immer bewusster, dass zumindest ein Teil von dir noch immer um die Liebe deiner Eltern kämpft, selbst dann, wenn du genau weißt, dass dir dieser Kampf schadet. Doch der Kampf um Liebe ist besser als gar nichts, und du kannst die Hoffnung auf ihre Liebe und damit auf deine Daseinsberechtigung einfach nicht aufgeben. Nimm das einfach wahr. So deutlich hast du es noch nie gespürt, und du erinnerst dich an viele Ereignisse, in denen dein Kampf um ihre Anerkennung im Vordergrund stand.

Auf einmal erscheint vor deinem inneren Auge eine ganz bestimmte Szene, eine lang vergangene oder erst kürzlich geschehene, in der du deinen Kampf um Liebe ganz deutlich wahrnehmen kannst. Schaue genau hin. Was geschieht? Kannst du dein Inneres Kind in dieser Szene erkennen? Selbst wenn du als der oder die Kämpfende schon längst erwachsen bist, so ist es doch das Innere Kind, das alles tut, um geliebt zu werden. Dir wird immer bewusster, wie sehr sich der Kampf um Liebe und Anerkennung durch dein Leben zieht, indem jetzt immer mehr Szenen vor deinem inneren Auge auftauchen.

Auf einmal, noch während du dich an all diese Szenen erinnerst, bemerkst du in einiger Entfernung eine Lichtung, auf der ein heftiger Kampf tobt. Du gehst zu der Lichtung und erkennst: Einer der Kämpfenden bist du selbst, ist ein Aspekt von dir. Schaue nun genau hin. Welche Waffen nutzt der zu dir gehörende Anteil? Wie genau kämpfst du um Liebe? Und mit wem oder gegen wen kämpfst du? Kann das Kind denn überhaupt gewinnen? Es kann gut sein, dass der kämpfende Anteil nicht besonders kindlich aussieht, vielleicht ist er gar dunkel und bis an die Zähne bewaffnet. Vielleicht ist er bitter geworden und gar nicht mehr in der Lage, die Liebe und Schönheit, die ihn umgeben, wahrzunehmen, so sehr hat er sich in diesen Kampf verbissen. Nimm diesen Anteil einfach so wahr, wie er ist. Er ist es, der immer wieder diese Situationen erschafft, in denen du um Anerkennung für dich wirbst, bettelst oder kämpfst.

Jetzt stelle dir bitte vor, dass du als der Mensch, der diese innere Reise macht, als der erwachsene Mensch, der du bist, zu dem kämpfenden Anteil hingehst. Gehe also zu ihm hin, und sage ihm: »Ich sehe deinen Schmerz. Du kannst hier nicht gewinnen. Komme mit mir, ich bringe dich an einen sicheren

Ort.« Sorge dafür, dass dieser kämpfende Anteil seine Waffen niederlegt und den Kampf beendet. Es kann sein, dass du ihm dabei helfen musst. Sage ihm, sooft es nötig ist: »Ich sehe deinen Schmerz, ich sehe dich wirklich. Ich weiß etwas Besseres für dich.« Und dann führe das Innere Kind, das so sehr um Liebe kämpft, aus der Situation heraus. Gehe mit ihm einen Weg entlang, der immer schöner und friedlicher wird, je länger ihr ihn geht. Krafttiere und Engel begleiten euch, alle guten Kräfte sind da.

Schaue nun bitte, ob das Kind mit einer Art dunkler Nabelschnur mit denjenigen verbunden ist, um deren Liebe es gekämpft hat. Wenn ja, schneide diese dunklen Nabelschnüre durch. Befreie das Kind von all den dunklen Verstrickungen, indem du die Stricke einfach durchtrennst. Dadurch entsteht mehr Raum für all das Gute, das zwischen dem Inneren Kind und denen, um deren Liebe es kämpft, entstehen will und kann.

Ihr kommt an ein großes Tor, ein Wächter steht davor und passt auf. »Was ist deine Absicht?«, fragt er dich, und du sagst: »Ich bringe mein Inneres Kind an einen sicheren Ort.« Das Tor öffnet sich weit, und ihr tretet in einen wunderschönen Zaubergarten ein, einen Ort des Friedens und der Liebe. Hier gibt es alles, was dein Inneres Kind braucht, um sich geliebt und sicher zu fühlen, ja, hier kann es sogar seine Seeleneltern treffen. Diese Seeleneltern lieben dich und das Innere Kind über alles, sie sind immer für dich und das Innere Kind da und begleiten euch auf eurem Weg. Ganz deutlich spürst du jetzt die Präsenz des Seelenvaters und der Seelenmutter, die vermutlich vollkommen anders sind als deine leiblichen Eltern. Du fühlst dich bei den Seeleneltern geschützt und gehalten, geliebt und willkommen. Nimm wahr, wie die Seeleneltern das Innere Kind nun halten und ihm Trost und Wärme geben, nämlich all das, worum es so vergeblich gekämpft hat. Energie strömt nun in dieses Innere Kind ein, und es entspannt sich, verändert sich. Vielleicht will es sogar zu Licht werden und mit den Seeleneltern nach Hause gehen, aufsteigen ins Reich seiner Seele. Erlaube das, das ist vollkommen in Ordnung. Der Kampf um Liebe darf endgültig vorbei sein. Und weil deine Seele das weiß, können die Anteile, die diesen Kampf geführt haben, nun auch nach Hause gehen.

Bleibe noch ein wenig in diesem Zaubergarten. Immer dann, wenn du spürst, du führst einen Kampf um Liebe, schaue, wer da kämpft, und hole das Innere Kind aus der Situation heraus. Nutze diese innere Reise wie ein Werkzeug, immer wieder und so oft wie nötig, denn das Innere Kind ist auf vielschichtige Weise in seinen Kampf um Liebe verstrickt.

Komme dann in deiner Zeit in den Raum zurück, in dem du dich befindest.

Wollen wir jemals Frieden erlangen, so dürfen und müssen wir folgende Fragen stellen: Wozu sucht sich eine Seele ein solches Schicksal aus? Wozu dient denn diese so schmerzhafte Erfahrung. Was wollte die Seele dadurch erfahren?

Denn wenn eine Seele zur Erde kommt, obwohl die Eltern nicht bereit sind, wird das Kind sein Leben damit verbringen, das wiedergutzumachen. Es ist wichtig, diesen Ansatz mit zu bedenken, ob er dir gefällt oder nicht. Denn hier finden wir einen wesentlichen Schlüssel zur Heilung. Warum? Weil es stimmt. Wenn wir von einer selbstbestimmten Seele ausgehen, die sich entscheidet, wann sie bei wem inkarniert, dann gibt es auch den Täteraspekt. Ich erlebe in der Praxis immense Erleichterung, wenn wir an dieser Stelle radikal ehrlich sind und auch diesen Anteil mit einbeziehen. Denn die Seele und das Innere Kind spüren jedes Ungleichgewicht und versuchen, es auszugleichen. Auch das nicht gehörte Nein der Frau zum Muttersein oder das Nein des Vaters zum Vatersein bringt Ungleichgewicht.

Was das Innere Kind unbedingt verstehen muss: Das Unerwünschtsein bezieht sich nicht auf das Kind selbst. Eltern sagen fast nie: »Ich will dieses Kind nicht, über ein anderes würde ich mich aber sehr freuen.« Eltern sagen in Wahrheit sowieso nicht, dass sie das Kind nicht wollten. Eltern sagen: »Ich wollte noch nicht Mutter werden«, »Ich fühlte mich nicht bereit, Vater zu sein«, »Ich hatte Angst, ich wusste nicht, wie ich meinem Kind gerecht werden kann, die Umstände passten nicht.« Es ist so wichtig, zu verstehen, dass es so gut wie nie um das Kind selbst ging, sondern immer nur um die Rolle, die Lebensumstände, in die eine Schwangerschaft seine Eltern hineinzwingt.

Insofern ist die Aussage »Meine Eltern wollten mich nicht« meist nicht ganz richtig, auch wenn es sich für dich so anfühlt. Sie wollten nicht dich nicht. Viel richtiger ist diese Aussage: »Meine Eltern wollten zu dem Zeitpunkt, als ich kam, keine Eltern sein, weder meine noch die von einem anderen Kind.« Probiere diesen Satz einmal aus, es kann sein, dass bereits ein Teil des Schmerzes verschwindet. Du bist nicht gemeint, verstehst du? Es ist ein immenser Unterschied, ob du erkennst, dass deine Mutter schlichtweg keine Mutter sein wollte, oder ob du glaubst, du persönlich wärst abgelehnt worden.

Ist es tatsächlich hilfreich und möglich, jemandem zu verzeihen, dass er nicht Mutter oder Vater werden wollte? Ist Vergebung der richtige Ansatz?

Selbstverständlich waren deine Eltern dafür verantwortlich, dass sie ein Kind zeugten, und sie standen somit in der Verantwortung, ob es ihnen gefiel oder nicht. Und genau das bekamst du als unerwünschtes Kind oft zu spüren. Du wurdest offen oder unterschwellig dafür bestraft, dass du kamst, dass deine Mutter und dein Vater dadurch genötigt wurden, Eltern zu sein, und das auch noch gemeinsam.

Dennoch gibt es auch andere Ebenen, auf denen Mitgefühl mit der Frau, die gegen ihren Willen Mutter geworden ist, mit dem Mann, der sich trotz Sorge und Angst dem Vatersein gestellt hat, hilfreich und sehr heilsam ist. Denn immerhin haben sie sich ja auf dich eingelassen, sie haben dir das Leben geschenkt.

Ärgert dich das? Das verstehe ich sehr gut, und ich sehe deinen Schmerz, sei sicher, wir werden uns diesem Schmerz innig widmen. Dennoch: Auch den Eltern gegenüber Mitgefühl aufzubringen heilt oft tiefer, als du es vielleicht für möglich hältst. Außerdem sollten wir uns anschauen, wozu dir diese Erfahrung, unerwünscht zur Erde zu kommen, diente. Warum? Damit du vielschichtig in Frieden kommen kannst und deine Erfahrung somit Sinn ergibt. Wenn du schon ein solch schmerzliches Schicksal wählst, dann möchtest du es ja auch durchleben und verstehen, oder?

»Ich habe das nicht gewählt, ich fühle mich, als wäre ich gegen meinen Willen zu Erde geschickt worden«, sagst du vielleicht, und auch das werden wir uns anschauen.

Du verstehst nun, dass wir uns neben der emotionalen Ebene auch auf sehr spirituelle Ebenen begeben müssen, um dem Thema »Unerwünschtsein« wirklich gerecht zu werden, und ich danke dir von Herzen, dass ich dich bei dieser Reise begleiten darf.

Ein Kapitel werde ich den Eltern widmen, denn womöglich hast du ein Kind, das du »nicht wolltest«, und fühlst dich deshalb tief schuldig. Auch unerwünscht Mutter oder Vater zu werden ist eine Wahl, die du auf hoher Ebene getroffen hast.

Aber nicht nur. Auf einer Ebene bist du als Mutter oder Vater wider Willen Opfer, nicht Täter, wenn ich das so plakativ sagen darf. Genauso wie das unerwünschte Kind auf einer Ebene, nur auf einer, aber die ist wesentlich, Täter ist, nicht Opfer. Ich weiß genau, wie groß der Widerstand bei dem, was ich dir sage, in dir sein kann, und ich bemühe mich sehr darum, achtsam und vorsichtig zu schreiben. Doch es gelingt mir nur in einem bestimmten Rahmen. Ich brauche deine Bereitschaft, dich trotz deines inneren Widerstandes ein wenig auf das einzulassen, was ich sage, damit ich dich begleiten kann.

All dieses Wissen ist vielleicht interessant, doch am Ende nutzt es uns gar nichts. Entscheiden wir uns trotz oder gerade wegen all des Schmerzes für einen Neuanfang.

Innere Reise: Segne deine Zeugung

Mache es dir bequem, setze oder lege dich bequem hin, es gibt nichts mehr zu tun. Erlaube dir, zur Ruhe zu kommen. Dein Atem darf kommen und gehen, so, wie es ihm gefällt. Schaue ihm einfach nur zu, wie er kommt und geht, sanft fließend kommt und geht, fast wie von selbst – ganz ruhig und gleichmäßig.

Du darfst ihn auf seinem Weg in deinen Körper begleiten, hinein und wieder hinaus. Nutze deinen Atem, um deine Aufmerksamkeit auf dein Inneres zu lenken, du darfst ganz bei dir sein. Es gibt nun nichts mehr zu tun, du darfst fließen lassen, alles geschehen lassen, wie von selbst.

Vielleicht magst du mit jedem Ausatmen loslassen, was dich schwer macht und beschäftigt. Jedes Ausatmen reinigt deinen

Körper und deine Seele, wenn du einfach alles nach außen abgibst. Mit jedem Ausatmen wirfst du Ballast ab, das schafft Raum für das, was dir wirklich wichtig ist.

Mit jedem Einatmen dagegen nimmst du die Energien und Kräfte auf, die du brauchst, die dich erfüllen und glücklich machen. Du brauchst nicht zu wissen, welche Kräfte das sind, deine Seele weiß es ganz genau. Vielleicht tut es dir gut, dir diese Energien als Farben, als Licht oder als angenehme Düfte vorzustellen. Atme sie ein, nimm sie in dich auf, und erlaube, dass sie genau dahin fließen, wo du sie brauchst und wo sie dir guttun.

Es gibt nichts mehr zu tun, du brauchst niemandem zu gefallen und es niemandem recht zu machen, ruhe dich einfach aus.

Nun erlaube, dass vor deinem inneren Auge ein Tor entsteht, vielleicht eine Tür, ein Portal oder eine Spalte in einem Felsen – ein Tor, das dich in die Anderswelt hineinführt, in jene Welt, in der die Dinge viele Bedeutungen haben. Wenn du kein Tor erkennen kannst, dann stelle dir einfach eines vor. Du gehst hindurch und befindest dich tatsächlich in einer anderen Welt, selbst wenn sie dir sehr vertraut erscheint. Hier herrschen andere Gesetze, und die Dinge haben eine andere, tiefere Bedeutung.

Der innere Raum öffnet sich, und du nimmst ein Lichtfeld wahr, ein gesegnetes Energiefeld voller Schöpferkraft und Liebe. Nun bitte die Eizelle deiner Mutter, dir zu erscheinen, oder stelle sie dir einfach vor, die Eizelle, aus der heraus du entstanden bist. Sieh sie dir an, vielleicht ist sie lichtvoll und energiereich, vielleicht aber gibt es dunkle Flecken. Das sind jene Energien, die deine Mutter mit sich herumträgt und die du von ihr übernommen hast. Bitte das Licht der Liebe, diese Eizelle zu reinigen, mit Licht und Segen zu erfüllen und sie zu einem vollkommenen Ausdruck des Lebens werden zu lassen. Nimm die Eizelle in deine Hände, und lasse all deine Liebe einfließen. Schicke einen Lichtstrahl aus deinem Herzen in die Eizelle, aus der heraus du entstanden bist. Bitte darum, dass die Eizelle dem Leben voll und ganz zur Verfügung steht, und erlaube, dass sie von allem gereinigt und geheilt wird, was nicht der Liebe dient. Bitte die weiblichen Aspekte deiner Seele, die in diesem Leben zur Erde kommen wollen, in die Eizelle einzufließen, und danke deiner Mutter für diese Zelle. Wie auch immer dein Verhältnis zu deiner Mutter ist, danke ihr für diese eine Eizelle, und nimm das Leben an, das sie dir dadurch zur Verfügung gestellt hat. Vielleicht erkennst du auch, die Eizelle ist so dunkel, so mit Schwere behaftet, dass du sie nicht reinigen kannst. Oder das Verhältnis zu deiner Mutter ist so schwierig, dass du eine ganz neue Energie zur Verfügung gestellt haben willst. Dann halte die Hände auf, und bitte den Kosmos um eine neue Eizelle.

Nimm sie an, sende all deine Liebe und deinen eigenen Segen in diese Eizelle, und heiße den weiblichen Aspekt deines Selbst liebevoll willkommen. Bitte darum, dass all die seelischen Anteile, die sich durch diese Eizelle auf der Erde manifestieren wollen, nun einströmen, und sieh, wie sich die Zelle mit deiner Seelenkraft füllt. Nimm die Eizelle in deine linke Hand.

Nun wende dich der Samenzelle deines Vaters zu, und segne auch diese. Danke deinem Vater für diese eine Samenzelle, egal, wie dein Verhältnis zu ihm auch sein mag. Reinige die Samenzelle von allem, was nicht Licht und Leben ist, und bitte um Segen. Erfülle sie mit Licht und deiner Seelenkraft. Bitte liebevoll alle männlichen Aspekte, die durch diese Samenzelle zur Erde kommen wollen, sich in ihr zu verankern. Wenn du erkennst, die Samenzelle ist zu dunkel, zu belastet, zu schwer, dann lasse sie los, und bitte den Kosmos, dir eine neue Samenzelle zur Verfügung zu stellen. Nimm sie voller Dankbarkeit an, und erfülle sie mit deiner Fürsorge, deinem Licht. Nimm die Samenzelle in deine rechte Hand.

Nun führe die Hände zusammen, und sieh, wie sich die gesunde Eizelle mit der ebenso gesunden Samenzelle vereinigt. Führe die Hände zu deinem Herz oder deinem Bauch, und lasse dich mit dir selbst schwanger werden.

Die Zellen verschmelzen, und die Eizelle nimmt all das, was sie braucht, damit neues Leben entstehen kann, in sich auf, den Rest lässt sie los. Und jetzt geschieht das Wunder des Lebens – deine mit Licht und Liebe erfüllten Zellen beginnen, sich unter deinem Schutz zu teilen, und dein Körper entsteht ganz neu. Immer weiter teilen sich die Zellen, und jede einzelne ist mit Liebe, mit Licht und deiner Seelenkraft erfüllt. Mehr und mehr Kraft fließt in dich ein, mit jeder neu entstehenden Zelle wächst deine Liebe zu dir selbst. Gib dir selbst den Schutz, den die Zellen brauchen, damit sie sich in einem geschützten Raum teilen können, und schicke in jede neu entstehende Zelle all deine Liebe. Du selbst bist nun der Hüter deiner Zellen, du sorgst dafür, dass jede Zelle mit Gesundheit und Lebenskraft erfüllt wird. Du entstehst neu in deinem eigenen Herzen oder in deinem Bauch, in deiner Mitte, so, wie es sich für dich am besten anfühlt.

Erinnere dich, deine Zellen teilen sich dauernd, bilden sich immer wieder neu. Von nun an werden sie es voller Licht und Lebendigkeit tun.

Bleibe in diesem Gefühl, bis dein ganzer Körper von dir selbst erfüllt ist, und bringe dich dann mit dieser neuen Energie zurück in den Raum, in dem du dich befindest. Sei herzlich willkommen.

Eine häufig gestellte Frage:

»Wenn ich die Eizelle meiner Mutter oder die Samenzelle meines Vaters nicht annehmen kann, weil sie zu schwer oder zu dunkel ist, lehne ich damit nicht meine Eltern ab?«

Meine Erfahrung:

Nein. Die Seelen deiner Eltern wissen genau, dass die Last, die du übernommen hast, zu schwer ist und dass es niemandem dient, wenn du sie weiter mit dir herumschleppst. Mehr als alles andere wollen deine Eltern, dass du glücklich und frei bist, auch wenn sie es vielleicht nicht ausdrücken können. Du lehnst mit dieser inneren Reise ja nicht deine Eltern ab, sondern die Angst und die Schwere, das alte Erbe. In Wahrheit lehnst du gar nichts ab, sondern du triffst eine neue Wahl. Du bist bereit, mehr Leben und mehr Liebe zu verwirklichen, und nichts anderes wünschen sich deine Eltern für dich. Sie haben dir das Leben gegeben, und je mehr du es annehmen kannst, desto mehr Sinn ergibt ihr Ja zu dir, obwohl sie Angst hatten.

Das Innere Kind

Was genau ist denn überhaupt dieses Innere Kind, von dem wir hier reden, fragst du dich womöglich, wenn du noch nichts oder nur wenig darüber gehört hast. Es ist dieser innere, sehr emotionale und der Vernunft nicht besonders gut zugängliche Anteil, der alles, was du als Kind erlebt, gefühlt, gedacht und entschieden hast, noch immer sehr lebendig und aktiv in sich trägt. Als Kind warst du dieses Innere Kind. Aber als Erwachsener bist du nicht nur ein Erwachsener, sondern du bist das Kind von damals und ebendieser Erwachsene. Und natürlich hast du noch eine ganze Menge anderer Aspekte. Stelle dir das so vor: Du kommst auf die Erde und hast, sagen wir, dreißig Samenkörner dabei. Das sind deine Persönlichkeitsaspekte, deine Talente, deine Fähigkeiten, deine Kräfte und so weiter. Du brauchst die Früchte dieser Samen für dein Leben, damit du alles, was durch dich auf die Erde kommen will, verwirklicht werden kann. Nun kann es sein, dass schon vor deiner Geburt ein, zwei dieser Samen verloren gingen, sofort nach dem Keimen abstarben oder im Wachstum erstarrten. Du wirst geboren, das ist, als sätest du die Samen in die Erde, damit sie nun zu Pflanzen heranreifen können. Doch durch Schocks, Mangelversorgung usw. bleiben viele dieser kleinen Pflänzchen in ihrem Wachstum stecken, sterben ab oder bleiben einfach klein. Am Ende hast du vielleicht fünf erwachsene Pflanzen herangezüchtet, mithilfe derer Früchte du nun dein Leben meistern sollst. Du brauchst aber die Kräfte aller dreißig Früchte. Das Innere Kind, wie ich es verstehe und damit arbeite, besteht nun aus all den nicht gewachsenen, erstarrten und abgestorbenen Anteilen. Natürlich stecken auch gesunde, muntere und kraftvolle Aspekte im Inneren Kind, doch wenn du unerwünscht bist, dann sind das nicht viele.

Anders, weniger bildlich ausgedrückt: Als Kind bist du mit deinem Bewusstsein in anderen Hirnteilen präsent als als Erwachsener, nämlich in älteren. Die älteren Hirnteile übernehmen immer dann das Kommando und bestimmen somit deinen Hormonstatus und dein Verhalten, wenn du in einer Stresssituation bist. Es kostet viel Übung und Bewusstsein, um diesem angstvollen Sog des Stammhirns, das nur Flucht, Angriff oder Erstarrung kennt, zu widerstehen und weiterhin aus dem vernünftigen, mitfühlenden, bewussten, lösungsorientierten präfrontalen Cortex heraus zu agieren. Der präfrontale Cortex, der sich mit dem Erwachsenwerden entwickelt, ist der Sitz des Erwachsenenbewusstseins. Das Innere Kind und der innere Erwachsene bezeichnen also zwei verschiedene Bewusstseinsebenen, die in verschiedenen Hirnteilen lokalisiert sind. Das Bewusstsein des Erwachsenen entwickelt sich und übernimmt im besten Falle die Kontrolle über dein Verhalten, aber das Bewusstsein, das du als Kind hattest, bleibt bestehen und wirkt im Hintergrund. Es ist, als fügtest du dir selbst mit jedem Reifungsschritt einfach eine Stimme mehr hinzu, wenn du dich selbst als Musikstück begreifst. Welche Stimmen lauter sind und welche im Hintergrund bleiben, das bestimmst du, aber das kannst du nur, wenn dir bewusst wird, dass du nicht ewig die gleiche Musik abdudeln musst, sondern dass du unterdessen auch andere, harmonischere und besser tragende Stimmen dazubekommen hast. Kommt das Bild bei dir an? Mit all den Übungen schreiben wir eine neue Stimme für dein Musikstück, und es ist an dir, zu entscheiden, wer die erste und wer die zweite Geige spielen darf ... Einige Notenlinien kannst du auch gern einfach streichen.

Das Innere Kind ist ein absolut emotionales Wesen. Es wird vor allem vom Mandelkern regiert, der ausschließlich auf Emotionen reagiert. All dein Wissen nutzt dir gar nichts, wenn sich dein emotionales Erleben nicht ändert. Und das ändert sich nur, indem du bewusst neue emotionale Erfahrungen machst. Heilung kann auf beinah unendlich vielen Ebenen geschehen, und die emotionale Ebene ist eine wesentliche. Fehlt sie, dann bleibt der Trigger, der schmerzauslösende Punkt in dir, unberührt. Dadurch bleibst du automatisch mit einem Aspekt deiner selbst im Konstrukt, im sogenannten falschen Selbst, hängen, denn deine dir innewohnende, äußerst wichtige Schmerzvermeidung wird dafür sorgen, dass du diesen Trigger großräumig meidest. Wie? Indem dir deine sogenannte Vernunft nahelegt, immer schön auf der emotional sicheren Seite zu bleiben, keine Risiken einzugehen, lieber nicht zu vertrauen, besser nachzukontrollieren und lieber weniger als mehr Nähe zuzulassen. Das ist natürlich nicht wirklich deine Vernunft, die dir das nahelegt, denn die ist, wie der Name schon sagt, vernünftig. Deine Vernunft wird dir raten, lieber ein gut kalkuliertes Risiko einzugehen, als in der Vermeidung zu bleiben, weil sie am Lebendigsein interessiert ist. Doch die Stimme der Angst und der Vermeidung hört sich oft sehr vernünftig an, was auch klar ist. Denn sie will ja, dass du ihr glaubst. Sie will nichts weniger, als dein Leben retten.

Für Eltern:

Dein Inneres Kind ist das wichtigste Kind, das du hast. Vernachlässigst du es, wird es nicht gesehen und nicht gehört, dann gerät es unweigerlich in Konkurrenz mit deinen leiblichen Kindern, und dann wirst du ärgerlich, unleidlich, aggressiv oder über Gebühr müde. Du kannst deinen Kindern nur das in Frieden geben, was du deinem Inneren Kind auch gibst. Alles andere mündet in einen inneren Kampf. Ein ungesehenes Inneres Kind kann sehr wohl dafür sorgen, dass du als Mutter oder Vater unglücklich und überfordert bist, ja, es kann sogar dafür sorgen, dass du erst gar nicht Mutter oder Vater werden willst. Es gibt natürlich viele andere Gründe, aber das Innere Kind ist ein sehr machtvolles inneres Wesen, ein sehr vitaler Anteil deiner selbst, der gehört werden will. Hörst du ihn nicht, dann agiert er aus deinem Unterbewusstsein heraus. Und wer den Kampf um Kontrolle gewinnt, wenn sich das Unterbewusstsein einschaltet, wissen wir ja.

Es kann also sehr wohl sein, dass du als unerwünschtes Kind einen starken Widersacher hast: das ungehörte Innere Kind deiner Mutter oder deines Vaters. Du bist schlichtweg genauso unerwünscht, wie es das jeweilige Innere Kind deiner Eltern auch ist. Es liegt nun an dir, diesen unseligen Kreislauf zu durchbrechen oder nicht. Warum an dir, nicht an deinen Eltern? Weil du es kannst. Du liest dieses Buch, bist an dir selbst interessiert, bist also in der Lage, hinter die Dinge zu schauen, und du hast die emotionale Kraft, dich deinen Schmerzen zu stellen. Das ist ein Geschenk, das hat nicht jeder, und diejenigen, die dem letzten Weltkrieg zeitlich zu nahe gekommen sind, schon gar nicht.

Damit dein Inneres Kind heilen kann, braucht es eine Menge neuer emotionaler Erfahrungen, und hier biete ich dir eine an, egal, ob du ein unerwünschtes Kind bist oder unerwünscht Mutter oder Vater wurdest:

Innere Reise: Sich selbst in Empfang nehmen

Erlaube dir, dich zu entspannen, es gibt jetzt nichts mehr zu tun. Du brauchst in diesem Raum niemandem zu gefallen und es niemandem recht zu machen. Du darfst ganz und gar sein, wie du bist. Erlaube dir, ein wenig tiefer als sonst zu atmen.

Nun stelle dir bitte deine eigene Geburt vor. Du siehst dich aus dem Bauch deiner Mutter kommen oder mit Kaiserschnitt geholt werden. Nimm es wahr, wie es sich dir heute zeigt. Selbst wenn diese Geburt anders aussehen mag, als dir erzählt wurde, so ist diese Geburt für heute genau richtig. Sieh also das kleine Baby auf die Welt kommen. Und dann gehe sofort als der Erwachsene, der du bist, zu dem Baby hin. Nimm es in Empfang, halte es ganz bewusst. Sage diesem kleinen Baby, das gerade geboren wurde: »Ich bin für dich da. Du brauchst niemals allein zu sein und keine Angst zu haben, bei mir bist du sicher. Ich halte dich, und ich liebe dich. Ich freue mich über dich, und ich liebe dich für das, was du bist, egal, was du tust.«

Nun lege das Baby, wenn du willst, an deine Brust, und nähre es. Wenn es sich für dich gut anfühlt, dann lege das Kind an deine Brust, auch wenn du ein Mann bist. Probiere es einfach aus. Kannst du es nicht selbst nähren, dann rufe bitte eine weibliche Kraft deines Vertrauens, Mutter Erde, Mutter Maria oder die Große Göttin. Gib ihr das Kind, damit sie es für dich nährt, und nimm es wieder in Empfang, wenn es satt ist.

Mehr gibt es nicht zu tun, halte einfach das Baby, und sage ihm: »Ich bin für dich da, ich halte dich, und ich freue mich über dich.« Wie geht es dem Baby, wenn es so von dir gehalten wird? Und wie fühlst du dich, wenn du dein Inneres Kind hältst?

Bleibe nun noch ein wenig mit dem Baby auf dem Arm liegen, atme, und spüre die Geborgenheit.

Besorge dir eine Puppe oder ein Stofftier, die bzw. das dich als Baby verkörpert. Nimm dir Zeit, egal, wie komisch du dir dabei vorkommst, dieses innere Baby tatsächlich ein bisschen herumzutragen, wenn du zu Hause bist. Tue das ein paar Tage lang bewusst und dann immer wieder, wenn du diese tiefe Ungeborgenheit spürst. Diese Ungeborgenheit ist echt. Du wurdest als Kind nicht so gehalten, wie du es gebraucht hättest. Deshalb schenke dir selbst diese Erfahrung, nicht nur geistig, sondern auch körperlich. Das Innere Kind ist nun einmal auch ein Teil deines Körpers.

»Wie oft sollte man sich selbst in Empfang nehmen, und warum muss man das überhaupt wiederholen? Heißt das, es hat nicht gewirkt?«, fragen mich Klienten manchmal.

»So oft wie nötig«, sage ich dann. Weil es um die bewusste emotionale Erfahrung geht. Der Mandelkern, den wir erreichen wollen, braucht ein paar positive Wiederholungen, bis die Löschneuronen aktiv werden. Auf der Bewusstseinsebene wirkt die Reise sofort, aber die emotionale Ebene braucht ein bisschen länger. Und auch die körperliche Ebene, auf der sich die Muskelverspannungen und der flache Atem angesiedelt haben, benötigt die bewusst erlebte, wiederholte Erfahrung des Gehaltenseins. Der Körper braucht einfach Zeit und Wiederholungen, bis er sich entspannt und der neuen Situation vertraut.

Nun hast du dich also in Empfang genommen, das ist ein guter Anfang. Gehen wir weiter. Was fehlte dir am meisten, als du Kind warst? Ein Verbündeter, jemand, der unverbrüchlich für dich einstand und dir das Gefühl gab: Egal, was du tust, du bist geschützt und geliebt. Jemand, der den Mut und auch die Kraft hatte, dich zu verteidigen, der dir glaubte, der dich auch dann sah und wahrnahm, als du dich nicht mehr zeigen konntest, wenn du erstarrtest, nach innen flüchten musstest oder aus Not in den Angriff gingst. Jemand, der dich verstand, auch wenn du dich selbst nicht verstandest, der eine positive Symbiose mit dir einging und deshalb mit dir auf liebevollste Weise verbunden war, egal, was passierte.

Woher nehmen wir einen solchen Verbündeten? Nun, da gibt es, wenn du an so etwas glaubst, natürlich die Schutzengel, die Krafttiere und viele andere Kräfte. Es gibt aber noch etwas Besseres für das bedürftige Innere Kind, nämlich dich selbst. Dich, den erwachsenen gereiften Anteil, der all das, was dir als Kind so sehr fehlte, nun für sich selbst tun kann. Nicht immer im Außen, nicht immer öffentlich, zu groß sind die Co-Abhängigkeit, die Angst, beschämt und abgelehnt zu werden, aber ganz bestimmt innerlich.

Warum ist es hilfreicher, wenn du dich selbst rettest, als wenn ein Engel das tut? Weil du die Erfahrung brauchst, dass du es kannst. Weil es ein völlig anderes Gefühl ist, ob ein Engel dich liebend umfängt oder ob ein Mensch aus Fleisch und Blut für dich einsteht. Denn damals fehlte ja ein dich haltender Mensch, kein Engel. Engel waren immer da. Einen Engel zu rufen ist immer wichtig und hilfreich, immer eine gute Idee. Aber rufe ihn nicht statt deiner. Denn erst, wenn du erlebst, dass du nun für dich selbst da sein kannst, erfährst du Selbstermächtigung. Das stärkt dein Wurzelchakra, deine Selbstbehauptung, und die fehlt oft, wenn du als unerwünschtes Kind zur Erde kamst.

Und noch eines. In dir tobt unterdrückte Wut, die sich als Groll, als Opferbewusstsein, als Depression oder als passiv-aggressives Nein tarnt. Wie komme ich darauf? Weil das gar nicht anders geht, wenn du oft beschämt, verletzt, ignoriert und misshandelt wurdest. Für dich selbst einzustehen gibt dieser unterdrückten Wut eine Richtung, öffnet ihr ein Tor. Denn unterdrückte Wut ist nichts anderes als nicht ausgelebte Selbsterhaltung.

Du bist nicht wütend, nie? Natürlich nicht. Wut ist viel zu aktiv, viel zu präsent, als dass du sie dir erlauben dürftest. Denn weil du unerwünscht bist, machst du dich ja so unsichtbar wie nur eben möglich. Aber kennst du nicht auch diesen unfassbaren Schmerz, der sich durch nichts besänftigen lässt? Das ist oft Wut, getarnt als Schmerz. Wenn sich ein Schmerz nicht trösten lässt, ist es oft gar keiner, denn Wut braucht eine andere emotionale Antwort als Schmerz. Deshalb helfen Trost und Mitgefühl nicht, wenn du in Wahrheit wütend bist.

Was hilft dann? Bewegung. Ausdruck. Gib der Wut Raum, indem du tanzt und schreist, dynamische Meditationen machst, gegen einen Boxsack trittst oder mit einem Baseballschläger auf ein Autowrack einschlägst. Lasse die Wut aus deinem Körper heraus, und lerne, besser für dich einzustehen, wie ich es dir in der nächsten inneren Reise anbiete.

Du spürst keine Wut und kommst dir äußerst bescheuert dabei vor, auf einen Boxsack einzudreschen? Musst du nicht. Es genügt schon, wenn du dir zugestehst, dass du vielleicht, möglicherweise, ganz tief in dir ein winziges bisschen wütend sein könntest. Dass ein Teil in dir eventuell nicht nur verletzt, sondern auch ungehalten darüber ist, dass du dich nicht so willkommen fühlst, wie es wichtig wäre, damit du auf Erden fest und sicher stehen und agieren kannst.

Bei Männern tarnt sich Schmerz oft mit Wut, das ist irgendwie männlicher. Bei Frauen tarnt sich Wut mit Schmerz, weil wir im Schmerz akzeptabler sind als in der Wut.

Deshalb gebe ich dir hier die nächste innere Reise, eine Reise, mit der du dein Inneres Kind aus einer verletzenden Situation heraus retten kannst. Du kannst endlich das für dich tun, wozu du als Kind nicht in der Lage warst. Diese innere Reise ist ein Werkzeug, das du oft anwenden kannst und darfst, kein einmaliges Heilmittel.

Innere Reise: Das Kind, das du warst, retten

Nimm dir einen Moment Zeit, atme ein paar Mal tief durch, und bereite dich innerlich auf eine intensive Begegnung vor. Du darfst innere Bilder sehen, aber es genügt auch, wenn du deine Emotionen erahnst, körperliche Empfindungen hast oder dich selbst auf andere Weise wahrnimmst. Jede deiner Wahrnehmungen ist willkommen.

Stelle dir nun bitte vor, du gehst durch ein Tor, das dich in eine andere Welt führt, eine Welt, in der die Dinge eine tiefere, ursprünglichere Bedeutung haben.

Du gehst ein wenig spazieren, entspannst dich, soweit dir das möglich ist. Rufe nun bitte die Krafttiere und die Schutzengel deines Inneren Kindes. Es genügt, wenn du still darum bittest, dass sie kommen, du brauchst sie nicht zu kennen, und es ist auch nicht nötig, dass du sie erkennst. Fühle einfach, dass da etwas ist, das reicht schon.

Vor dir entsteht nun eine Art Lichtkreis auf dem Boden, ein Kraftfeld, das sich warm und sicher anfühlt. Du stellst dich mitten in dieses Kraftfeld hinein, und augenblicklich durchströmen dich Sicherheit und Zuversicht. Du nimmst vielleicht wahr, wie viele Lasten du für andere trägst. Jetzt fallen sie von dir ab, einfach so, egal, ob sie dir bewusst sind oder nicht. Sie steigen wie Rauch auf oder strömen in die Erde hinab, vielleicht auch beides. Du wirst immer leichter und kraftvoller, das Licht heilt und reinigt dich. Nun strömt eine ganz besondere Farbe in dich ein, sie steigt aus der Erde auf und strömt zugleich von oben herab: die Kraft der Selbstbestimmung und der Selbstverantwortung. Es ist der erwachsene Anteil, der nun in dich einfließt und dich stark und selbstsicher sein lässt. Diesen Anteil brauchst du, damit du dein Inneres Kind retten kannst. Er hat genau die Farbe, die heute richtig für dich ist, und sie kann jedes Mal anders sein. Bleibe so lange in dieser Situation, bis du deutlich spürst, dass du aufrechter und klarer wirst. Wirst du nicht aufrechter und klarer, so führe diese innere Reise dennoch weiter, rufe aber noch einmal ausdrücklich die Schutzkräfte des Inneren Kindes.

Nun erlaube dir, während du weiter in diesem Kraftfeld stehst, dich in eine Situation zurückzuversetzen, in der du dich als Kind abgelehnt fühltest, ignoriert, nicht wahrgenommen, gar geschlagen oder misshandelt wurdest. Nimm wahr, wie es dem Kind geht und wie einsam es ist.

Nun stelle dir bitte vor, dass du als der Erwachsene, der du bist und der von seiner Kraft erfüllt ist, mit in diese Situation hineingehst. Du bist nun zweimal da, einmal als Kind und einmal als Erwachsener. Gehe zu dem Kind hin, und sage ihm: »Ich bin jetzt da. Ich beschütze dich, und ich halte dich.«

Und dann tue, was immer nötig ist, um dieses Kind zu retten. Sage denjenigen, die es verletzen: »Ich erlaube euch nie wieder, dieses Kind zu verletzen. Ab sofort steht es unter meinem Schutz, und ich trage die Verantwortung.« Nimm das Kind in den Arm, und hole es aus dieser Situation heraus, egal, wie es den Angreifern dabei geht. Es geht hier nur um dein Inneres Kind und darum, dass es einen unverbrüchlichen Verbündeten braucht.

Kannst du das nicht, so schicke bitte die Krafttiere und die Schutzengel in diese Situation hinein. Das ist immer eine gute Idee, aber erst, nachdem du selbst alles für dich getan hast, was in deiner Macht steht.

Behalte das Kind im Arm, oder bringe es an einen inneren sicheren Ort, gerade so, wie es für dich jetzt passend ist. Komme dann wieder zurück in den Raum, in dem du dich befindest.

Dein Inneres Kind trägt das Nein der Eltern mit sich herum, es sitzt in den Zellen, in den Gefühlen und in den Gedanken und verhindert, dass du dich frei entfalten kannst. Es trägt auch das Nein deiner Eltern zu ihrem eigenen Inneren Kind mit sich und das Nein, das sie selbst womöglich erfahren haben. Auch wenn du selbst in dir ein Nein zu deinem leiblichen Kind trägst, wenn du unerwünscht Mutter oder Vater geworden bist, kannst du diese Reise für dich machen – denn auch du hast ein Nein erlebt. Dein Wunsch, eben nicht Mutter oder Vater zu werden, wurde ignoriert. Sogar dein Nein dazu, auf die Welt zu kommen und überhaupt geboren zu werden, darf nun gehen. Und das ist gut so. Denn nun kannst du es für dich und für alle, die vor dir waren und nach dir kommen, erlösen.

Deshalb gebe ich dir hier gleich die nächste innere Reise.

Innere Reise: Das Nein erlösen

Erlaube dir, dich zu entspannen, es gibt nichts mehr für dich zu tun, lasse alles in dir sein, wie es gerade ist, folge deinen inneren Bildern und Gefühlen. Vertraue dem, was du in dir wahrnimmst.

Stelle dir bitte ein Tor vor, das kann ein Steintor sein, vielleicht ein goldener Lichtbogen, ein natürlich gewachsenes Tor aus Bäumen – oder etwas ganz anderes. Du gehst hindurch und befindest dich auf einmal in einer anderen Welt, einer Welt, in der die Dinge eine tiefere Bedeutung haben. Du befindest dich in einer Landschaft. Vor dir liegt ein Weg, und du entscheidest dich, ihn zu gehen. Rufe die Kräfte der Ahnen und der Erde – und du spürst, wie sich tatsächlich etwas verändert, wenn du diese Kräfte rufst. Du gehst den Weg weiter und bemerkst auf einmal ein großes Feuer. Um dieses Feuer herum sitzen sehr viele Wesenheiten, vielleicht welche, die du kennst, vielleicht auch andere, Schutzengel, Krafttiere, Lichtkräfte oder auch dunkle Energien. Schaue einfach hin, und lasse es sein, wie es ist. Ein Platz ist noch frei.

Eine sehr große, machtvolle Wesenheit tritt auf dich zu und sagt dir: »Dies ist deine Ahnenreihe, und ich bin der Hüter eures Schicksals. Hier findest du auch Inkarnationen deiner selbst, wenn du noch etwas für sie trägst.«

Das große, machtvolle Wesen führt dich an den freien Platz, und du setzt dich ans Feuer. All die Wesenheiten, deine Ahnen, die Hüter deiner Ahnen, alle, die um das Feuer herumsitzen, verneigen sich vor dir. Du spürst, die Stimmung ist sehr feierlich, sehr machtvoll. Das große Wesen, das dich willkommen geheißen hat, sagt dir: »Seit Anbeginn der Zeit trägt deine Linie eine besondere Aufgabe, eine schwere Last. Deine Eltern, deine Großeltern, all deine Ahnen, vielleicht auch deine Geschwister, ganz bestimmt aber deine Kinder tragen bereits diese schwere Last. Es ist das Nein, das ihr alle tragt, das Nein zu eurer Existenz. Ihr seid alle dennoch gekommen, das zeigt, wie groß eure Kraft ist. Das Nein hat eine besondere Bedeutung für euch alle, es war eine besondere Herausforderung, die ihr gemeistert habt. Und doch hat dieses Nein viel Leid gebracht, das Nein der Eltern zu dir, aber auch dein Nein zu ihrer Entscheidung, eben noch nicht Eltern zu werden. Ihr habt eure Aufgabe erfüllt, ihr habt all die Erfahrungen gemacht, zu denen ihr euch bereit erklärt habt, und es wird Zeit, sie loszulassen. Wir danken dir von Herzen, denn du bist der Teil deiner Ahnen, der dieses Schicksal ein für alle Mal beendet.«

Du spürst in dich hinein, lässt dir Zeit, um zu erkennen, wo sich in deinem Körper dieses Nein aufhält, und auf einmal erkennst du, es stimmt. Du trägst eine Last, du spürst, wo sie sich befindet und welche Auswirkungen sie auf dein Leben hat. Nun öffne bitte deine Hände, und stelle dir deine Kinder vor, vielleicht sogar deine Enkelkinder. Wenn du keine hast, so gibt es vielleicht Nichten und Neffen, die zur Ahnenreihe gehören, die du mit erlösen möchtest. Halte deine Hände geöffnet, und bitte die Kinder, dir jetzt alles zurückzugeben, was sie bereits für diese Ahnenreihe tragen. In Form von Energie, von Symbolen, vielleicht einfach von Schwere – nimm es an, lasse dir alles zurückgeben, was du, ohne es jemals zu wollen, bereits weitergegeben hast. Du kannst das nicht vermeiden, du darfst es aber jetzt beenden.

Irgendwann spürst du, deine Kinder oder Enkel, deine Nichten und Neffen haben dir alles zurückgegeben, was heute erlöst werden darf.

Jetzt lasse bitte das Nein, das du selbst trägst, in deine Hände fließen, vielleicht als Symbol, vielleicht als Schatten oder Energieball, vielleicht als Stein. Du hältst jetzt die Last deiner Kinder und deine eigene in den Händen – die Last der Ablehnung, die deine gesamte Ahnenreihe trägt. Drehe dich nun zu deiner Mutter oder zu deinem Vater, je nachdem, wer da ist, und gib ihm oder ihr die Last zurück. Sage ihm oder ihr: »Ich habe das Nein für die ganze Ahnenreihe getragen, und auch du trägst das für uns alle. Ich gebe es dir zurück, aber nur, damit du deine Schwere, deine Energie, das, was du trägst, mit hineinfließen lassen kannst. Füge deine Last hinzu, und gib sie dann im Ahnenkreis weiter nach hinten.«

Und jetzt schaue bitte, was passiert. Deine Mutter oder dein Vater, vielleicht ihre Schutzengel oder die Hüter ihres Schicksals ziehen jetzt alle Energie, die sie für die Ahnen tragen, aus sich heraus, fügen es dem, was du ihnen gegeben hast, hinzu und geben es weiter nach hinten an die Großeltern. Nun wird die Last im Kreis ums Feuer herum weitergegeben, und jeder Ahn fügt das hinzu, was er trägt. Alle Verabredungen, die du auf seelischer Ebene getroffen hast, um anderen ein Spiegel zu sein, darfst du nun ins Feuer werfen, wenn sie nicht mehr stimmig sind, all die magischen Verstrickungen, durch wen auch immer sie erschaffen wurden, darfst du wie Fesseln oder schwarze Bänder aus dir herausziehen und ins Feuer werfen. Deine Ahnen tun das Gleiche, und du spürst, wie die Energie sich ändert, wie Licht bereits jetzt seinen Weg zurückfindet. Weiter und weiter geben deine Ahnen die Last zurück, bis sie irgendwann am Ursprung, beim ältesten Ahn, angekommen ist.

Und das geschieht jetzt.

Der Hüter eurer Ahnenreihe nimmt dieses nun sehr schwerwiegende Nein, verneigt sich vor euch allen und wirft es ins Feuer. Das Feuer lodert hoch auf, und augenblicklich verbrennt die Last. In diesem Moment wird die gebundene Energie wieder frei, alles, was es euch gekostet hat, dieses Schicksal zu tragen. All die Liebe, das Leben, das Glück, die Erfüllung, die es euch gekostet hat, damit ihr alle diese Erfahrungen machen konntet, fließen nun in die ganze Reihe zurück. Besonders die verlorenen Ahnen, die dunklen, vergessenen, verschwiegenen Ahnen kommen in die Reihe zurück, finden ihren Platz, reihen sich ein, nehmen am Leben teil. Die abgetriebenen Kinder kommen als Seele zurück und werden lichtvoll. Das Glück und das Leben strömen überall da hin, wo sie fehlen, fließen zu den Ahnen, zu denen sie gehören.

Auch du selbst wirst erfüllt, deine Kinder, deine Enkel, Geschwister, Nichten und Neffen. All das gebundene Leben wird frei. Deine eigenen Inkarnationen werden frei und lichtvoll, und Karma löst sich. Immer lichter und heller wird der Kreis, einige der Ahnen beginnen, sich aufzulösen, ins Licht zu gehen. Alle Seelen, für die es jetzt Zeit ist zu gehen, verlassen das Feuer, gehen nach Hause. Seelenaspekte, die wegen des schweren Schicksals verloren gingen und abgespalten worden sind, können jetzt zurückkehren, einfließen, in deine Ahnen, aber auch in dich selbst, in deine vergangenen Inkarnationen und in dich, wie du heute am Feuer sitzt. Du spürst auf einmal Frieden, Frieden mit dem, was ist. Immer freier werden deine Ahnen, immer lichtvoller.

»Du bist jetzt frei, ein neues Leben zu führen, du bist jetzt frei, in Erfüllung, in Glück, in Freude zu leben«, scheinen sie dir zuzuwispern. »Wir danken dir aus tiefster Seele, dass du dich selbst und uns alle erlöst hast.«

Du bist tief bewegt und dankbar, dass du diesen Dienst dir selbst und deinen Ahnen erweisen durftest. Es kann sein, dass du noch ein paar Mal ans Feuer zurückkehren darfst, vielleicht gibt es verschiedene andere Aspekte, die nach und nach erlöst werden wollen.

Irgendwann stehst du auf und verlässt das Feuer. Du bemerkst ein zweites Tor. Du weißt, wenn du durch dieses hindurchgehst, betrittst du ein anderes Leben, ein Leben, in dem Liebe, Erfüllung, Freude und Glück auf eine ganz andere Weise möglich sind, als du das bisher erlebt und gekannt hast.

Gehe nun durch das Tor, bleibe im Torbogen stehen, und erlaube, dass dieses Tor wie ein Magnet alles aus dir herauszieht, was nicht mehr zu dir gehört oder nicht mehr durch dich gelebt werden will oder gelebt werden muss.

Hinter dem Tor wartet ein lichtvolles Wesen auf dich, so strahlend, wie du es dir nur vorstellen kannst. »Ich bin dein unverletztes Selbst«, sagt dir dieses Lichtwesen. »Ich bin, was du wärst, wärst du nicht verletzt. Ich bin, was der große Geist träumte, als er dich schuf, ich bin du, aber ganz, vollständig, unverletzt.« Jetzt strömt dieses Lichtwesen in dich ein und erfüllt alle deine Zellen, deine Knochen, deine Organe, einfach alles.

Wenn es Seelenanteile in dir gibt, die nach Hause ins Licht strömen wollen, dann geschieht das jetzt, ganz einfach, ganz unspektakulär. Es ist einfach nur ein Energieaustausch. Aspekte deiner Seele gehen heim, andere kommen dafür auf die Erde. Dein Körper ist wie ein Spielfeld, es gibt Regeln, doch die Spieler können wechseln. Verletzte und müde Spieler dürfen ausgetauscht werden. Braucht es eine neue Formation, so darf der Trainer, der alles überblickt (deine geistigen Führer und Lehrer) die Mannschaft neu aufstellen.

Lasse alles in dir wirken, und sei sicher, du wirst dich anders fühlen, neu, frischer und mehr wie du selbst.

Ich kann gar nicht oft genug sagen, wie wichtig es ist, den Schmerz über das Unerwünschtsein vielschichtig zu betrachten. Es genügt nicht, das Innere Kind zu halten, aber genauso wenig hilft es, sich zu sagen: »Das habe ich so gewählt.« Beide Ebenen brauchen unsere Zuwendung, und sie sind vollkommen unterschiedlich. Das Innere Kind braucht tiefstes Mitgefühl, vollkommenen Schutz und unsere Bereitschaft, zu hundert Prozent für uns selbst einzustehen, es zu schützen und seine Gefühle ernst zu nehmen. Es muss gesehen, gehört und wahrgenommen werden, damit es heilen kann. Es ist ein unbewusstes emotionales und körperliches Wesen, kein bewusst spirituelles. Warum nicht? Weil es nicht bewusst auf seine Spiritualität zugreifen kann, es kann sie nicht nutzen, um gut für sich selbst zu sorgen. Ein kleines Kind in Not kann nicht die Schutzengel rufen, es hat keinen bewussten Zugriff auf die dafür zuständigen Gehirnteile. Schutzengel rufst du aus dem präfrontalen Cortex heraus, nicht aus dem Stammhirn, das kennt nur Flucht, Angriff und Erstarrung. Ein Kind braucht Mitgefühl, Trost, Schutz und menschliche Verbündete. Ganz anders sieht es auf der Seelenebene aus.

Die Entscheidungen der Seelenebene

Je länger ich mich mit dem Unerwünschtsein befasse, desto deutlicher zeigt sich: Es gibt spirituelle Entscheidungsebenen, denen das menschliche Fühlen vollkommen fremd ist. Das ist auch ganz klar. Warum kommen wir zur Erde? Um Erfahrungen zu machen. Warum will unsere Seele Erfahrungen als Mensch machen? Weil sie diese speziellen Erfahrungen als nichtstoffliches Seelenwesen nicht machen kann. Was sind die menschlichen Erfahrungen? In erster Linie betreffen sie das Fühlen. Denn kommst du auf die Erde, bist du ein fühlendes, wahrnehmendes, bedürftiges Wesen. Es scheint nur logisch, dass genau das die Erfahrungen sind, die die Seele machen will, nicht nur, aber auch. Es ist kein Fehler, zu fühlen und abhängig zu sein, nichts, was wir überwinden müssen, sondern genau das, was die Seele erfahren will. Eben der Grund, warum sie sich auf den langen Weg der Menschwerdung begab.

Weil die Seele so dringend an den menschlichen Erfahrungen interessiert ist, aber keine menschlichen Gefühle hat, trifft sie manchmal Entscheidungen, die sich auf das gelebte irdische Leben unbeabsichtigt sehr schmerzhaft auswirken. Ja, manchmal hat sie sogar

Absichten, die sich so gar nicht auf der Erde umsetzen lassen. Warum? Weil sich die Seele entwickeln will, vor allem auf der unemotionalen, nüchternen Kausalebene, auf der die Erfahrungen geplant werden. Die Seele kann nicht wissen, wie sich das, was sie erfahren möchte, anfühlt, genau deshalb will sie es ja erfahren. Und so trifft sie manchmal beinahe unmenschliche Entscheidungen, aus reiner Unkenntnis darüber, wie sich eine Erfahrung als Gefühl darstellt und wie sehr Gefühle unser menschliches Leben bestimmen. Das weiß sie auf kausaler Ebene nicht, genau deshalb will sie es ja erfahren.

Die Entscheidung, als unerwünschtes Kind zu Erde zu kommen, ist eine Entscheidung auf kausaler Ebene, und sie hat fast immer einen Sinn. Das Unerwünschtsein dient oft einer ganz bestimmten Erfahrung. Manchmal sind die Erfahrungen, die aufgrund dieser Entscheidung, unerwünscht zur Erde zu kommen, gemacht werden, wirklich sehr eindrücklich.

Gerade gestern hatte ich eine Klientin, die von ihrer Mutter gar nicht, vom Vater ein bisschen gewollt war. Sie bemühte sich, wie das so üblich ist, ihr Leben lang, die Liebe der Mutter doch noch zu gewinnen. Natürlich vergeblich ... Wir schauten auf der höheren Ebene, was sie mit der Erfahrung, trotz des Neins der Mutter bei ihr zu inkarnieren, erreichen wollte, und das Ergebnis war verblüffend: Sie wollte es ihrer Mutter heimzahlen. Diese hatte in einem vergangenen Leben durch Verrat dafür gesorgt, dass meine Klientin getötet wurde. Diese entschied damals: Dir zeige ich es, ich lasse mich von dir nicht abhalten, mein Leben zu leben. Und das setzte sie durch. Das ging so weit, dass sich die Seele über das Nein der Mutter hinwegsetzte und dennoch kam. Natürlich schauten wir, was denn die Seele auf kausaler Ebene durch diesen Verrat an Erfahrungen machen wollte, worum es also in diesem Leben, in dem es zur unerwünschten Schwangerschaft gekommen war, wirklich ging.

Wieder war die Antwort beeindruckend stimmig: Die Seele wollte erfahren, wie es ist, durch Schmerz verbunden zu sein. Warum auch immer sie das erfahren wollte, steht nicht zur Debatte. Die Seele will einfach alles erfahren, was möglich ist. Nun, sie war äußerst erfolgreich: Meine Klientin kannte beinahe nur Beziehungen, in denen sie durch Schmerz mit anderen verbunden war, allem voran das Verhältnis zu ihrer Mutter. Die Mutter zeigte ihre Fürsorge ausschließlich durch kleine Geldzuwendungen, und meine Klientin hatte Angst, diese wenigen Zuwendungen zu verlieren. Wenn sie mit ihrer Arbeit erfolgreich werden würde, so glaubte sie, würden auch die Geldgeschenke aufhören. Ihr Mangel war die einzige Verbindung, über die sie ihre Mutter spürte. Als ihr all das klar wurde, konnte sie die Erfahrung, durch Schmerz mit anderen verbunden zu sein, abschließen und sich Verbindungen durch Liebe und Glück, durch Gemeinsamkeiten und durch Freude erschaffen.

Sie konnte ihre Mutter aus der ungewünschten Rolle des Mutterseins entlassen und endlich Frieden mit ihren schmerzlichen Erfahrungen schließen.

Die nachfolgende innere Reise kann eine immense Herausforderung sein. Bitte schaue erst für dich, ob du die folgende Sichtweise nachvollziehen oder teilen kannst. Wenn nicht, dann lasse die innere Reise einfach weg. Ich erlebe sie als äußerst hilfreich.

Sie bezieht sich auf die Seelenebene, nicht auf das geborene, verletzliche Innere Kind, das ist ganz wichtig. Auf Seelenebene schauen die Dinge ein wenig anders aus. Hier sind wir nicht verletzlich, zumindest nicht emotional, und hier sind wir Schöpfer. Wenn also ein Kind unerwünscht geboren wurde, dann schauen wir auf Seelenebene nach, wozu das diente, welche Erfahrungen die Seele machen wollte. Und wir gehen noch einen Schritt weiter. Wir übernehmen auf spiritueller Ebene Verantwortung.

Denn hat eine Frau nicht das Recht, eben nicht Mutter werden zu wollen, hat ein Mann nicht die Wahl, ob er sich als Vater zur Verfügung stellt oder nicht? Nicht mehr, wenn das Kind geboren wurde. Aber vorher schon. Und an dieser Stelle braucht es Heilung. Denn wenn eine Seele unerwünscht zur Erde kam, dann hat sie sich, so hart es klingt, über das Nein der Eltern hinweggesetzt. Natürlich gab es auf noch höheren Ebenen ein Ja von Mutter und Vater, besonders von Mutter Erde, sonst wäre das Kind gar nicht geboren worden. Auch die Körper der Mutter und des Vaters haben Ja gesagt, sonst wäre das Kind erst gar nicht gezeugt worden bzw. es wäre nicht lebensfähig gewesen. Wir aber begeben uns auf diese feine Linie, diesen schmalen Grat, wo das Nein der Mutter, das Nein des Vaters gegen das Ja der Seele steht. Die Ebene, auf der die Seele, wenn man die Wörter nutzen will, Täter statt Opfer ist.

Warum? Damit umfassende Heilung geschieht. Denn wenn ein Mensch unerwünscht zur Erde kommt, dann weiß die Seele das. Und sie wird alles tun, um das wiedergutzumachen. Nicht nur das Kind kämpft um die Liebe der Eltern. Auch die Seele möchte das Ungleichgewicht korrigieren. Ich biete dir diese Reise an, und überlasse es vollständig dir, ob du sie anwendest oder nicht, doch ich möchte sie dir nicht vorenthalten. Ich mache immer wieder sehr, sehr gute Erfahrungen damit. Tiefe Erleichterung und echtes Loslassen geschehen in dem Moment, in dem die Seele die Verantwortung dafür übernimmt, dass sie das Nein der Mutter, des Vater ignoriert hat. Das widerspricht nicht der großartigen Lehre von Bert Hellinger, der Vater und Mutter achtet und ehrt und ihnen für das Leben dankt. Es ist einfach eine andere Ebene. Auch hier werden Vater und Mutter tief geachtet. Dieses Mal aber ihr Nein. Und das ist meinem Gefühl nach eine noch tiefere Achtung.

Innere Reise: Das Nein anerkennen

Mache es dir ganz bequem, erlaube dir, die Augen zu schließen. Es gibt nichts mehr zu tun, du brauchst niemandem zu gefallen, nicht einmal dir selbst. Dein Körper liegt sicher und geborgen auf einer bequemen Unterlage, und du darfst dir bewusst machen, dass du in diesem Moment so sicher bist, wie das als Mensch auf der Erde überhaupt nur möglich ist.

Erlaube dir nun, innere Bilder wahrzunehmen, und stelle dir vor, du bist wieder im Bauch deiner Mutter. Wie fühlt sich das an?

Es darf sich anfühlen, wie es will, auch wenn das kein guter Ort für dich ist, wir brauchen deine Erfahrung im Bauch deiner Mutter als Ausgangssituation. So – wie fühlt es sich an? Ganz ehrlich?

Stelle dir nun bitte vor, aus deinem Bauchnabel kommt eine silberne Nabelschnur heraus, die dich mit deiner Seele verbindet. Und nun ziehe dich an dieser Nabelschnur aus dem Bauch heraus zurück in das Reich deiner Seele, zurück in den Bereich, in dem du warst, bevor du geboren wurdest. Atme dich aus dem Bauch deiner Mutter heraus zurück in deine Seele, und nimm alles mit, was zu dir gehört. Lasse alles im Bauch deiner Mutter zurück, das nicht zu dir gehört. Atme – ziehe dich nach oben, aus dem Körper heraus. Wie fühlt sich das an?

Wenn du nun von hier aus, aus einem höheren Bewusstsein heraus, nach unten auf den Menschen schaust, der du bist und der all diese Erfahrungen gemacht hat: Wie geht es dir damit? Und worum ging es wirklich? Welche Erfahrungen wolltest du auf einer höheren Ebene machen, wozu diente dein Unerwünschtsein? Was hast du dadurch gelernt? Lasse dir Zeit, das zu spüren, und speise dich nicht mit einem »Ich weiß es nicht« ab. Deine Seele weiß es, und du hast ein Recht auf eine Antwort. Glaube dir bitte, nimm die Antwort an, wenn sie sich stimmig anfühlt, auch wenn sie für dein menschliches Verständnis nicht besonders logisch klingen mag. Auf dieser Ebene zählt Logik nicht.

Und nun rufe bitte die Seele deiner Mutter. Schaue sie dir an, verneige dich vor ihr, und sage ihr: »Ich entlasse dich aus der

Rolle, meine Mutter sein zu müssen, und ich bitte dich um Vergebung, dass du durch mich Mutter werden musstest, obwohl du nicht wolltest. Ich respektiere jetzt dein Nein.« Schaue, wie deine Mutter reagiert und wie es dir damit geht.

Jetzt seid ihr frei und könnt das, was euch in Wahrheit verbindet, viel besser spüren. Du hast sie aus ihrer Rolle entlassen, ihr Nein anerkannt, und damit kannst du aufhören, um ihre Liebe zu kämpfen. Du hast sie aus ihrer Rolle entlassen, und damit kannst du deine eigene aufgeben.

Nun rufen wir die Seele deines Vaters. Sage auch ihm: »Ich entlasse dich aus der Rolle, mein Vater sein zu müssen, und ich bitte dich um Vergebung, dass du durch mich Vater werden musstest, obwohl du nicht wolltest. Ich respektiere jetzt dein Nein.« Und nimm auch hier die tiefe Erleichterung bei euch beiden wahr.

Schaue nun bitte, ob du durch dunkle Fäden mit deiner Mutter oder deinem Vater verbunden bist. Wenn ja, dann bitte um ein Werkzeug, mit dem du diese Fäden durchtrennen kannst, und sieh, wie es in deiner Hand erscheint.

Nun durchtrenne alle dunklen Fäden, die sich zwischen deiner Mutter und dir sowie deinem Vater und dir gebildet haben, und verneige dich noch einmal. Die Liebe kann nun frei fließen, so, wie sie will, und ihr könnt euch aus den Schuldzuweisungen und versuchten Wiedergutmachungen entlassen.

Es wird Zeit, eine neue Erfahrung zu wählen. Wenn du dir anschaust, wie sich deine Seelenwahl des Unerwünschtseins auf der Erde anfühlt, was lernst du dann daraus? Kannst du in Liebe leben, wenn du nicht in Liebe gekommen bist? Schaue bitte von hier oben aus auf den Menschen, der sein ganzes Leben um Liebe kämpfte, vor allem auf das Kind, und sende ihm dein ganzes Mitgefühl. Es wird Zeit, diesem Kind eine neue Erfahrung zu ermöglichen.

So erlaube nun, dass alle Seelenanteile, die die Erfahrung, unerwünscht zu sein, angezogen haben, den Inkarnationsstrahl verlassen. Sende alle Seelenaspekte, für die es jetzt Zeit wird, nach Hause zurückzukehren, weil ihre Erfahrungen abgeschlossen sind, in deine höchste Seelenflamme zurück. Keine Sorge, das hat nichts mit Abspaltung zu tun. Du erlaubst einfach, dass alle Energien, die mit Ablehnung, Anstrengung und dem Kampf um Liebe in Resonanz gehen, transformiert werden und in ihre ursprüngliche Seelenschwingung zurückkehren. Lasse es einfach geschehen, das passiert von ganz allein, du brauchst es nur zu erlauben.

Und dann bitte darum, dass sich ein neuer Inkarnationsstrahl bildet. Bitte darum, dass sich jetzt all die Seelenkräfte, die

Liebe, Erfüllung, Leichtigkeit und Glück anziehen, zu einem neuen Seelenstrahl zusammenfügen. Wenn du diesen neuen Seelenstrahl wahrnimmst, sende ihn bitte ins Herz von Mutter Erde, und bitte sie darum, dir einen Kraftplatz auf der Erde zu erschaffen. Bitte sie, zu antworten und aus ihrem Herzen heraus einen Energiestrahl zu senden, der deine Seele auf die Erde einlädt. Und das geschieht – jetzt.

Der Herzensstrahl von Mutter Erde strömt nach oben, berührt deine Seele, verbindet sich mit ihr, und jetzt entsteht aus dem Herzensstrahl von Mutter Erde und deinem neuen Inkarnationsstrahl eine stabile Lichtsäule.

Du nimmst wahr, wie sich auf der Erdoberfläche ein Energiefeld bildet – dein Platz auf der Erde entsteht ganz neu.

Erlaube dir als der Mensch, der du heute bist, dich selbst auf diesen Platz zu stellen. Stelle dir nun vor, wie der neue Inkarnationsstrahl in dich einfließt, entweder einfach so oder aber, wenn sich das für dich gut anfühlt, erlaube dir selbst, mit dir schwanger zu werden. Lasse diesen Inkarnationsstrahl in deinen Bauch fließen, egal, ob du Mann oder Frau bist, und stelle dir vor, wie du selbst als Embryo neu in dir entstehst. Schicke nun all deine Liebe zu diesem neu entstehenden Wesen, und versprich ihm, es zu halten, gut für es zu sorgen und für es da zu sein.

Wie fühlt sich das an, ein geliebtes Inneres Kind in dir zu spüren? Und wie fühlt es sich an, dieses geliebte Kind zu sein, das hier neu entsteht? Bleibe in diesem Gefühl, lasse es in alle Zellen fließen.

Komme dann in deiner Zeit mit all dieser neuen Energie in den Raum zurück, in dem du dich befindest. Deine Eltern dürfen jetzt sein, was und wie sie sind, und du kannst dich selbst halten und nähren.

Um das Ganze auch auf anderer Ebene zu unterstützen, probiere Folgendes aus:

Übung: Der ideale Platz auf der Erde

Richte dir einen wunderschönen, runden Platz an einem sicheren, ungestörten Ort in deiner Wohnung her. Lege einen runden Teppich oder ein Tuch auf den Boden, und schmücke den Platz außen herum mit Kerzen, Blumen, Steinen und allem, was du eben magst. Kennst du dich mit dem Medizinrad aus, dann kannst du den Platz gern den Himmelsrichtungen entsprechend dekorieren. (Nutze gegebenenfalls einen Kompass.) Der Eingang sollte, wenn du ausdrücklich ein Medizinrad legst, im Süden (Geburt und Inneres Kind) sein. Passt ein südlicher Eingang vom Platz her so gar nicht, dann wirst du deine Lösung finden, und dann hat auch das seinen Sinn.

Wenn du willst und sich das gut für dich anfühlt, dann rufe deine guten Kräfte, die Selbstliebe, das Selbstwertgefühl und die Erlaubnis, am Leben zu sein, auf diesen Platz.

Nun frage dich selbst: »Was wäre, wenn ich einen Platz auf der Erde hätte, der mich willkommen heißt und an dem ich in meiner vollen Strahlkraft wachsen und aufblühen könnte?« Nimm dir Zeit für deine Antwort, schreibe sie dir auf, wenn dir das hilft, dich besser zu konzentrieren.

Frage dich nun: »Bin ich denn bereit, meinen Platz auf der Erde einzunehmen, auch wenn das bedeutet, dass ich mich nicht mehr verstecken kann?« Denn so ist es. Bewusst den eigenen Platz einzunehmen bedeutet, bewusst Verantwortung für sich selbst zu übernehmen. Der Sekundärgewinn des Opferseins fällt weg, und du wirst sichtbar.

Doch es ist nun einmal dein Platz auf der Erde. Er wurde erschaffen, als du zur Welt kamst. Hättest du keinen Platz auf der Erde, dann wärst du nicht hier, so einfach ist das. Deine Existenz beweist das Ja des Lebens zu dir. Dein Platz gehört nur dir. Wenn du ihn nicht einnimmst, dann bleibt er leer. Er kann nur durch dich belebt werden.

Nimm nun, wenn du so weit bist, deinen Platz ein, atme, und erlaube, dass alles, was nun geschehen will, geschieht. Setze dich so oft auf deinen Platz, wie es dir hilfreich erscheint. Hier kannst du Kraft tanken und dich daran erinnern, dass du willkommen und erwünscht bist, sogar gebraucht wirst.

Unerwünscht Eltern sein

Du hast mein volles Mitgefühl, wenn du eine unglückliche Mutter oder ein unglücklicher Vater bist, vor allem, weil du dich oft wie eine Rabenmutter oder ein Rabenvater fühlst. Du hast Schuldgefühle und meinst, du müsstest ständig glücklich und erfüllt sein, weil du ein Kind hast. So, als dürften die anderen Anteile in dir nicht da sein. Je mehr du dein inneres Nein und den Groll unterdrückst, desto mehr muss es dein Kind ausbaden. Du bekommst noch mehr Schuldgefühle, und die Schlinge zieht sich zu. Es ist eine unendlich große Herausforderung, ungewollt schwanger zu werden. Und es gibt eine Romantisierung des Elternseins, einen zu hohen gesellschaftlichen Anspruch, der nicht erfüllbar ist, nicht einmal dann, wenn du vom Elternsein glückselig und zutiefst erfüllt bist.

Du hast also Nein gesagt, als du oder deine Partnerin schwanger wurde. Und du bist damit nicht gehört worden. Du wolltest nicht Vater oder Mutter sein, das ist vollkommen in Ordnung. Dennoch ist da nun dieses Kind, das fordert und braucht und will und von dir abhängig ist. Und für das du zu hundert Prozent verantwortlich bist, das ist nun einmal so.

Was nun? Zunächst einmal: Du bist eine großartige Mutter, ein wundervoller Vater, lasse dir das bitte gesagt sein. Warum weiß ich das? Weil du dich mit deinem Elternsein beschäftigst, weil du Verantwortung übernehmen willst und weil du bereit bist, dir selbst in die Augen zu schauen, auch wenn es wehtut. Es geht nicht darum, immer alles richtig zu machen und jedes Bedürfnis deines Kindes gleichmäßig liebevoll und fürsorglich zu beantworten, so schön das auch wäre. Es geht darum, dich dem zu stellen, was ist, und deinem Kind damit die Lasten abzunehmen, die du ihm möglicherweise aufgebürdet hast. Kinder sind widerstandsfähig, das müssen sie auch sein. Das Leben selbst ist zäh und kann eine Menge aushalten. Gleichermaßen sind Kinder, sind alle irdischen Wesen unermesslich verletzlich. Beides stimmt.

Ein Teil in dir wollte das Kind, sonst hättest du es nicht, ganz einfach. Auf vielen Ebenen hast du Ja gesagt, sonst wäre die Seele nicht zur Erde gekommen. Das ist gut zu wissen, denn auf diese Anteile kannst du dich verlassen. Schauen wir uns, gerade weil es auch dieses Ja gibt, in aller Sicherheit dein Nein an. Denn dieses innere Nein verdrängst du sicherlich häufig, weil du es dir nicht erlaubst, richtig? Oder es ist zu präsent, wird überdimensional groß, gerade weil es nicht gehört wird. Lasse uns eine Lösung für den Aspekt in dir finden, der keinen Elternpflichten genügen will. Hören wir ihm zu, indem wir die Technik »Der leere Stuhl« aus der Gestalttherapie anwenden:

Übung: Das Nein hören

Nimm dir bitte zwei Stühle, und stelle sie einander gegenüber. Der eine Stuhl steht für dich, ganz allgemein. Der andere Stuhl steht für den Anteil in dir, der kein Elternteil sein will. Er darf auch einfach da sein. Meistens spiegelt das Nein einen sehr lebendigen Anteil, der Angst hat, sich selbst im Mutter- oder Vatersein zu verlieren, oft genug sogar das Innere Kind selbst.

Nimm dir nun etwas zu schreiben, und setze dich auf den allgemeinen Stuhl, auf den, der dich spiegelt. Schreibe nun alles auf, was dir auf diesem Platz in den Sinn kommt. Schreibe bitte vor allem auf, wie es dir geht, wenn dir dieser Nein-Anteil gegenübersitzt. Hast du Schuldgefühle? Willst du gar nicht hinschauen? Bist du wütend auf das Nein, weil du dich deshalb noch mehr aufopfern musst? All das darf sein, sei einfach ehrlich.

Wenn du alles gefühlt und aufgeschrieben hast, was dir an diesem Platz einfällt, dann setze dich bitte auf den anderen Stuhl, auf das Nein. Erlaube dir, wirklich alles zu fühlen, was du fühlst, und schreibe es auf. Nimm wahr, was dieser Platz befürchtet, was er will, was er braucht, und zensiere dich nicht. Der Sinn dieser Übung ist, ganz ungeschminkt die innere Wahrheit zu erleben, egal, ob sie dir gefällt oder nicht.

Wenn du alles gefühlt und aufgeschrieben hast, dann setze dich wieder auf den ersten Platz. Lies gegebenenfalls nach, was du eben aufgeschrieben hast, denn manchmal nimmt man auf dem einen Platz nicht wahr, was der andere will und sagt. Nun schreibe wieder auf, wie es dir mit dem, was du eben erfahren hast, geht, und sei wieder ganz und gar ehrlich. Je besser diese inneren Anteile miteinander kommunizieren, desto leichter wird es für dich, für alle deine Anteile eine gute Lösung zu finden.

Tue das so lange, setze dich also so lange von einem auf den anderen Platz, bis sich alle Anteile gehört und gesehen fühlen. Wenn du nicht weiterkommst, dann suche dir bitte Hilfe. Es kann sehr schwierig sein, diese Übung alleine durchzuführen, ich möchte sie dir dennoch nicht vorenthalten.

Nachwort

Ich weiß natürlich, dass ich in diesem kleinen Büchlein zu wenig Platz habe, um in der Tiefe auf alle Aspekte des Unerwünschtseins einzugehen, die nötig wäre. Ich hoffe aber von Herzen, ich konnte dich ein wenig abholen und dir Anregungen geben, anders mit deinem Schicksal umzugehen. Du hast dir etwas dabei gedacht, als du unerwünscht zur Erde kamst, und sei es, dafür zu sorgen, dass das Leben weitergeht. Oftmals geht es genau darum. Nimm diese Herausforderung an, erlöse dich selbst aus dem Hadern, und komme in deinem Leben an, du bist ja da. Die Erde und das Leben haben Ja zu dir gesagt. Mehr brauchst du in Wahrheit nicht, nicht mehr, jetzt, wo du erwachsen bist. Kümmere dich um dein Inneres Kind, und erlöse dich aus der Vermeidung des Lebens. Du bist da, damit bist du ein Gewinner. Du hast dich durchgesetzt, das Leben hat dir ein Ja geschenkt. Nimm es an, und gehe deinen Weg. Das klingt so einfach, ich weiß. Dennoch stimmt es, und das weißt du.

Friede deinem Weg, du hast mein tiefes Mitgefühl und meine Hochachtung.

Über die Autorin

Susanne Hühn ist ausgebildete Lebensberaterin und ganzheitliche Physiotherapeutin. Sie schreibt spirituelle Selbsthilfebücher und gibt Lebensberatung, Channelings sowie Meditationskurse für Erwachsene und Kinder. Seit 1986 begleitet sie Menschen auf ihrem Weg zur Gesundung. Mit dem Schreiben begann sie 1992. Zuerst schrieb sie spirituelle Romane, dann vermittelte sie ihr Wissen in Sachbüchern und auf CDs, die sie mittlerweile in großer Zahl veröffentlicht hat.

www.susannehuehn.de